【推薦序】

◆李尚龍

其實，我一直想寫一個關於石雷鵬的故事，但一直不知道該從何下筆。可能因為彼此關係太好，怕寫起來不客觀，或許更怕我眼中的他與他眼中認知的自己出入太大，於是腦子裡時常會閃現出這樣的場景：我正在打字，他忽然站在我身旁，說：「尚龍，我是這樣的人嗎？」

人對於自己總是無法有客觀的認識，但話說回來，別人對自己的認識又真的客觀嗎？於是我決定嘗試一下。

如果只允許用一句話去形容他，我想這句話多半是我們上課時一直在講的話：他永遠都沒有停下前進的腳步。

他的身分，一直都是一名英語老師，桃李滿天下。然而沒有人知道，他的起點竟來自河北邯鄲的一座村莊，那裡的人面朝黃土背朝天，而他一步步走到了今天。我甚至有預感，今天，他的一切才剛剛開始。

我不知道該如何去評價他，因為這些年的生活，讓我學會不去評價朋友，只去欣賞朋友。但這既然是石雷鵬老師第一本書的序，我肯定難以不去對他做評價，更免不了對他的欣賞。

那麼，我就開始了。

如果一定要說他是個什麼樣的人，我想最直接的評價肯定是：他很怪。

他怪到讓人不能理解這一路是怎麼走來的。

我拜訪過他的老家一次，隔著老遠，我們的合夥人之一尹延就笑嘻嘻地跟我說：「尚龍，他們家竟然有拖拉機！」然後缺心眼地一股腦兒傻楞楞坐上去，喊了聲：「駕！」

那是我第一次意識到，一個跟我們這麼親近的朋友，其實是從這個村莊，透過自己的努力，一步步走出來的。他就是從這片土地開始，一步步經由知識改變命運，一步步從農村來到北京，去到一所大學當了講師，又辭職出來跟我們一起創業，每天精神亢奮地奔波在課堂和書本間，猛然間，就在這繁華中立足了。

除此之外，他更怪的是，明明十分勵志，卻非要把自己偽裝成「二楞子」的模樣。

每次下了課，學生湧入我的微博說「彥祖又調侃你了」，這時候我就知道，學生又在調侃他說自己是吳彥祖了。

他天天說自己長得像彥祖，學生一邊上課，一邊開懷大笑，說：「你像宋小寶！」

二〇一五年，我們從老東家新東方辭職，投入線上教育，創立了考蟲網，全成了所謂的名師，生活也都發生了改變。我開始專心寫作，尹延開始研究管理，石雷鵬卻開始瘋狂地發微博，一天幾十條甚至上百條，全是各種搞怪照片。一般人惡搞別人，他惡搞自己。

他就是這麼怪，總把自己看得很輕，以至於很少有人知道他也有生命之重。那些沉重，似乎一直被他埋藏在心裡，不為人知。他就這麼看起來輕飄飄的，一步一步，走到今天。只是現在回頭看，才發現原來，他從未停下前進的腳步，所以他走得不快，但很穩；走得不壯偉，甚至有些幽默。

我是在一年前正式邀請他寫作的。我幫他跟出版社談了合約，出版人董曦陽是我多年好友，他們團隊竟然早就聽聞過他，我們談得很順利，幾天後就定下了出版計畫。

石雷鵬老師拿到合約時，冷靜中夾雜焦慮地看著我，說：「我能寫得出來嗎？」然後一邊問著，一邊簽了合約。

接下來的幾個月裡，他一邊上課，一邊發著微博，還更新著自己的微信公眾號，然後在某個夜晚，在酒桌上喝得人仰馬翻的他，忽然說：「尚龍，我寫了七萬字了。」

我說：「加油，還有三萬字就完稿了。」

第二天，他就去了醫院，醫生說他胃潰瘍，幾個月不能再喝酒了。他只對我說了一句話：「照胃鏡的滋味真不好受。」我這才知道，每次他動筆前，都會先小酌一番，先把自己喝到情緒上，才開始動筆。也就是那次，我隱約感受到，他寫不動了。那天，我對董曦陽說，這三萬字肯定要等到幾個月後了。

可怪人永遠就是怪，才過了一個月，他就跟我說：「尚龍，我寫完了。」

就在那一天，我們同出版社的朋友一起吃了頓大餐。他執起杯子斟滿酒，又把杯子放下，然後忽然說：「等我的新書出版時，我的胃應該就好了，那時我就能喝酒了。」

我沒說話，因為我知道他怪，很多事情不合邏輯，但他有自己的處世哲學，那套處世哲學，或許只有他自己知道，那套輕飄飄的生活方式，恐怕只有他自己明白，誰也不會知曉。但我能知道的，是他從未停下前進的腳步。他就像那種好學生一樣，總是偷偷努力，卻裝作一副不用功的樣子。

他的怪，直到有一天，我才意識到了點兒什麼。那是我們第二次創業的某一天，公司帳戶上忽然缺了錢，挹注金遲遲不到位。他見我有些焦慮，於是問我怎麼了，我說，我讓助理過兩天在我的微信公眾號上接個廣告，否則第二個月薪水發不下來了。

他愣了一會兒說，那我接個廣告來幫助一下公司吧，我的用戶忠誠度高，平時經營得很好，他們能理解。

我正是在那天回家的路上，忽然明白過來他的那些怪，都有他的原因，那些看起來的輕，其實是重的。

他不想標榜自己勵志，是因為自己不願把生命描述得苦大仇深。他說自己是吳彥祖，是不想把課堂弄得太枯燥。

他喝酒，是因為只有喝酒才能寫出動情的文字。

他忽然不喝酒，是因為他知道，只有不停地變動，人才能走得更遠。

他能在一年裡寫完這本書，是因為他終於可以去面對自己，用一筆一畫書寫刻畫這些年自己走到今日的軌跡。我相信，這一切剛剛開始。而這一切正好也是我對他的評價，以及我要對每一位讀者說的話：永遠不要停下前進的腳步。

誰叫他這麼怪呢。

希望他一直怪下去吧。

這本書，我花了一天讀完，也希望你能看看，茶餘飯後，總能有些收穫。

【自序】

今年的我，已走過了自己百歲人生的三分之一還多幾年的時光。前幾天，我跟尚央、尹延和尚龍一起喝酒。尚央談起表演時，不無感歎地說：「男人二十多歲時，或許還能扮可愛，賣賣萌，可是三十多歲時，還能嗎？」

我喝了口酒，說：「能！」

尚央笑了笑，問：「那你還能賣萌幾年？還是幾十年？」那一刻，我有種中槍的感覺，內心有點淩亂。

說來慚愧，身為一名三十多歲的線上教育行業的老師，我經常恬不知恥地戲稱自己是二十多歲，在個人媒體發照片或直播時，美顏開最大，嘟嘴賣萌更是常態。甚至這些天，我還在研究學習「架空」。

但這些只是陌生人看到的我，並非我真實的全部。

一

我出生在中國北方一個在地圖上連名字都沒有的小村莊。

小時候，我能想到的未來，大概就是面朝黃土背朝天，日出而作，日入而息，周而復始地工作。

第一個真正打開我的眼界和世界的人，是我的叔叔。童年時，他是我仰望的太陽、遠處的高山和星辰大海。

叔叔是爺爺四個孩子中唯一的大學生，他的求學之路相當坎坷而艱辛。

由於家境貧寒，叔叔讀了兩年高中就輟學了，因為要生存。之後，他在自家的工廠裡與磨麵機的轟鳴聲為伴。

就這樣，一晃兩年。

也不知是在歷史上的哪年哪月哪日，他騎自行車去市心買機器零件，幸運地遇到了高中時期的班主任。

老師問：「你不上學，在家做什麼？」他說：「在家操作磨麵機。」

老師看了看他年輕稚嫩的面孔，說：「你成績那麼好，不考大學，可惜了。」

他擠出一絲苦笑，說：「可是，家裡的情況……您知道的。」

那位老師接著說：「你知道嗎？你的那個某某同學，他的成績一直不如你，現在已經考上某某大學了。」

那一刻，叔叔沉寂兩年的心，再次如火般燃燒起來。

這段往事，在爸爸的講述中，陪伴我度過了小學和國中。初時，我只是靜靜聽著、想著，卻有很多不解。後來，年齡漸長，閱歷漸多，再聽爸爸講述這段故事時，我的心會因激動而顫抖，我逐漸懂得：年輕的叔叔在那一刻，看到了生命中無限的可能。

那位老師也很偉大，據說那天，他還買了水果，跟著叔叔去到村裡，說服了爺爺和奶奶，讓他們最小的兒子重回學校、重回課堂、重新踏上讀書改變命運的征途。

兩年後，叔叔如願以償，取得了大學錄取通知書，成為我們村裡的驕傲，他是全村第一位大學生。

很多人，能忍受生活的各種苦，唯獨受不了讀書的苦。但他們不知道的是：

生活的苦，是一種消耗；而讀書的苦，是收穫，是重塑。

而這個道理，在我很小的時候，就幸運地懂了。

這也得感謝我爸爸，他在我幼年時，曾無數次眉飛色舞地講述他引以為傲的弟弟的求學之路，也讓我這雙小小的眼睛看到了遠方大大的世界。

二

後來的我，追尋著叔叔的足跡，來到更大的城市，不僅讀完了大學，還在機緣巧合下，幸運地被保送上研究所。

研究所畢業，在二三線城市找工作受挫的我，選擇了隻身闖蕩北京。結果，又在機緣巧合下，被一所大學相中，當了英語講師。

在大學工作的日子，波瀾不驚，是一段開心的時光。我曾經以為，此生大概就這樣了：工作穩定安逸，閒暇時，賺點外快，在平淡的歲月流逝中終老。

時至今日，我也並未覺得這樣的日子有什麼不好，只是後來的人生際遇迫使我無法享受這種相對的安逸。

讀研究所和在大學工作時，我曾在國內最好的培訓機構兼職，且小有名氣。後來，尹延老師拉著我一起投身線上教育的紅海，殺出一片新的天地，讓我看到了更大的世界。

尚龍老師還在教育領域之外，不斷開疆拓土，先後闖進了文化圈和影視圈。沾著尚龍老師的光參加了幾次免費的酒局，我有幸聆聽了一線作家、導演、製片人、表演藝術家，以及眾多創業者的侃侃之談。

他們各種新奇的思想、不安的靈魂和敢拚敢闖的精神，激勵著我，改變著我，讓我的眼界一次次被打開。

每次涉足不了解的新知識領域時的激動、緊張和興奮，都刺激著我，讓我眼界大開，一次次看到更多的可能。

這本書中，就記錄著許多這樣的故事。

當然，多年來，我一直是個老師，有緣見證了很多同學逆襲成長的故事。因此，這本書除了記錄我個人的故事外，還記錄了一些朋友、同事、同學的經歷，以及很多學生的成長。他們之中，有專科畢業考上名校研究所的佼佼者，還有非名校出身、憑藉永不放棄的堅持闖出一番天地的逆襲者。

我也是個平凡人，難免也會鬆懈、偷懶，甚至放縱自己墮落的念頭。每當這種念頭偷偷冒出來的時候，我總會想到自己身邊這些比我優秀卻比我努力百倍的人。

聽過「考蟲課程」的很多學生都會注意到，我們的課程簡報右下角有一行字：永遠不要停下前進的腳步。這句話是寫給學生的鼓勵，也是各位老師對自己的鞭策。

很多時候，**起點低並不可怕，因為決定我們人生高度的一定不是起點，而是賣命努力之後可以達到的終點**。

我們要珍惜當下，因為我們的每一天，都是自己生命裡最年輕、最美好的日子，我們沒有理由停下前進的腳步。

三

最後，還是要假裝謙虛，說幾句自己的不足。

作為一名才華有限的青年，我深知自己文字拙劣，看書也不過數百本，輸入不足，產出能力自然有限，因此不敢奢望您能讀完並喜歡每一篇文字。

但依然希望您能堅持多讀幾篇，如果有一篇或幾篇能讓您喜歡，我便甚感欣慰；如果會有幾篇能對您有所啟發、有所幫助，我的努力就沒有白費；又如果還有幾篇在您讀完之後，還想分享給您在乎的人，那我就謝天謝地，也謝謝您了。

當然，我最希望的是：讀過此書的您，不僅有想做點什麼來改變自己的衝動，而且還會採取行動。或許，這將是本書最大的意義。

霍金曾說：「世界上最讓人感動的是遙遠的相似性。」我們可能素未謀面，但希望您在閱讀中，能找到與此書的靈魂相契合的點。

感謝尚龍老師，他是本書的監製，也是引領我創作的大推手；感謝天喜文化的曦陽老師、李博老師、呂晴老師、肖瑤老師，是他們的持續關注和推進，讓本書得以面世。

愛你們！親親！

石雷鵬

目次

第一部

你的一天怎麼過，一生就怎麼過

第二部

他們都活成了自己喜歡的樣子

第三部

給生活做減法，給精神做加法

第三部

給生活做減法，給精神做加法

第四部

有的人，愛著愛著就不愛了

第五部

你的眼界，決定你的世界

第六部

我曾經是個文藝青年

第一部

你的一天怎麼過，一生就怎麼過

01

放縱與焦慮

一

愈是優秀的人愈自律。

比如我的好朋友——「中年滯銷書作家」李尚龍，就是一個很自律、很優秀的人。

這些年，他每天堅持讀書寫字，還透過讀書會的形式把自己讀過的書分享給像我一樣書讀得不夠多的人。

這些年，他堅持「喝酒只喝茅臺，別人少喝自己多喝」的原則。因為這個原則，吃飯的次數雖然少了，但參加飯局的人層次高了，有效的社交多了。

這些年，他為了保持身材，堅持跑步，並遵守少吃主食、多吃蔬菜和肉的「輕斷食」法則。雖然臉上的肉沒甩掉多少，但體重從九十六公斤降至七十八公斤，並維持到現在。

可見，專注和堅持，是一個人變優秀的必要條件。而自律，是培養這兩項素質的根本。

當然，我身邊也有不自律的人，比如我的一位同事，總把「立志要做什麼」掛在嘴上。

有次跟我私下喝酒時，他說：「我想努力工作！我要升職加薪！我要找到漂亮的女朋友！」

我說：「去做就是了。」

第二天，我經過他的座位時，瞥見他埋頭苦幹——忙著「摸魚」，在臉書、IG流連忘返。

幾個月後，他被公司開除了。

離職那天，我看到他在臉書發了一則貼文：「終點也是起點，努力向高處走。」

像這個被炒魷魚的哥們一樣常立志願、但不自律的人，可能不是少數。很多人說要提升自己，多益、英文口語、職場進修的書和課程買了一堆，但書買後沒翻幾頁，課程也只聽了開頭就沒有然後了。

很多人發願減肥塑身，制訂了運動計畫，辦了全年的健身會員卡，發誓要戒珍奶，堅持完前兩週，第三週就打住了。

很多人說要用偶像來激勵自己，看到偶像有學識、才藝、好身材，備受鼓舞。於是，買了偶像推薦的所有裝備，比劃幾下，最終也沒有練成偶像的模樣。

很多大齡剩男、剩女說要找對象，以便過年時堵住父母、親戚催婚的嘴，卻懶得打點自己，更懶得去拓展社交圈子，好像對象會從天上掉下來似的。

嘴上說要做的事情那麼多，到頭來，升職、讀書、才藝、健身、找對象，每件事都沒了下文。

如果上述這些聽起來像是我在捏造，請看一下騰訊網做過的一項權威性調查統計。

在二〇一九年整年中，二十三至四十五歲的人當中：

七〇．七％的人買了書沒看；六九．五％的人報名了健身課程後，去了不到十次；七九．三％的人學英語中途放棄；學影音製作等職業技能的人中，放棄的有九一．一％。

人與人之間的差距，就是被這些看不見的自律拉開的。

二

你要知道，人的欲望是可以分級的，分為低級、高級和頂級。

什麼是低級欲望？標準很簡單：藉由放縱自己就能得到的，就是低級欲望。只要放鬆對自己的要求，願意放縱自己，就可以迅速滿足自己的各種低級欲望：看短片、玩遊戲、聊八卦、講有色笑話、搞一夜情等。面對低級的欲望，你可能會情不自禁地沉浸其中，並且很快不可自拔。所以，如果你發現自己沉溺於看短片、玩遊戲之類的低級欲望，千萬不要只是自責不夠自律。因為除了你的不自律，很多大科技公司裡的「壞叔叔」也在利用這個人性的弱點誘惑你，他們利用各種刺激和上癮的設計，使你深陷其中無法自拔，從而獲取商業利益。

然而，我想告訴你的是一條你看不到的邏輯：那些讓你覺得爽快的東西，也一定會帶來痛苦。如果你的低級欲望被無限滿足，你距離崩壞就不遠了。

三

低級的欲望靠放縱，高級的欲望靠自律。

什麼是高級的欲望呢？需要透過克制低級欲望才能實現的，比如專業技能、強健體魄、好身材、財富、好名聲等，這些東西都要透過自律才能實現。

所有優秀的背後，都是你沒看到的苦行僧般的自律。一個人自律的程度，決定了他人生的高度。

許多看過電影《我不是藥神》的觀眾，都記住了電影裡一句很扎心的臺詞：「這世上只有一種病——窮病。」

與這部電影同時洗版的還有一位演員——電影裡飾演呂受益的王傳君。呂受益的人物設定是位慢性粒細胞白血病人，王傳君的表演很到位，他將白血病人身體的羸弱和精神的脆弱，表現得淋漓盡致，給人一觸即潰的感覺。

但你可能不知道的是，為了演出病人的虛弱和消瘦，王傳君很早就開始減重，每天跳繩四千下，後來增加到每天八千下，電影開拍時，他已瘦了整整十五公斤。

為了更真實地表演出被病痛折磨的憔悴與掙扎，王傳君將自己的頭髮剃成了斑禿，然後又熬了兩天兩夜沒闔眼。

愈自律的人，愈懂得對自己下狠手。對自己下手愈狠，得到的回報可能就愈大。

我讀大學時的一位老師是北大的英語語言文學博士，他攻讀博士期間的主要研究方向是十七世紀英國玄學派詩人約翰．鄧恩（John Donne）。

在攻讀博士期間，他每天早晨都會在北大的未名湖畔一遍遍大聲背誦約翰．鄧恩的詩歌。在每次聲情並茂地背誦後，還會掏出隨身攜帶的小本子，用文字記錄朗誦詩歌時，腦中一閃而過的靈感。然後，再將記錄下來的靈感結合文獻、作者生平、逸事和作品本身，進行深入思考。而且，他堅持盡可能把自己思考的結果與同學、導師溝通交流，聽取他們的意見、建議。

他在北大讀了兩年博士，就堅持了兩年無間歇的早起，後來的他成為英國玄學派詩歌，尤其是約翰．鄧恩詩歌研究領域的權威。

很多人嚮往和追求自由，但你可能不知道的是：**愈自律，才愈自由**。

你無比自律，在大學期間接受了良好的專業技能訓練，該讀的書讀了很多，你畢業找工作時，就擁有選擇的自由。

你無比自律，在職場上專注工作，能力出眾，工作做得總比老闆預期的好，你升職加薪，實現財務自由，想買什麼就買什麼。

你無比自律，在生活中堅持健身、讀書，有著好看的體態和有趣的靈魂。遠觀，人們看到的是你的姣好身材；靠近，欣賞的是你的博學和有趣。這樣的你，怎麼可能沒人愛？是一般人沒勇氣追你而已。

自由的本質，是自律。自由不是放縱自己，不是無所不為，而是有所為，有所不為！

四

低級的欲望靠放縱，高級的欲望靠自律，頂級的欲望靠煎熬。

什麼是頂級的欲望？你窮盡一生想要完成的一個或幾個目標，比如一個政治家的家國抱負、一位企業家的宏偉願景、一名作家的曠世巨作、一個平凡人的為愛堅守一生……

可以被稱為頂級欲望的東西，往往需要經由曠日持久的煎熬才能得到。辯證地看，凡是讓你歡快一時的東西，以後大都會讓你痛苦；凡是讓你忍一時痛苦的東西，日後大都會讓你功成名就。

南非已故前總統納爾遜·曼德拉的傳奇一生中，經歷了從酋長繼承者，到青年政治領袖，到入獄二十七年，再到出獄後成為南非首位黑人總統的跌宕起伏。

被尊稱為「南非國父」的曼德拉，能在漫長的歲月流逝和殘酷的政治鬥爭中堅持下來，並笑到最後，靠的是他的頂級欲望——為國家謀獨立，為黑人乃至所有有色人種謀自由、平等和尊嚴。

煎，是你數十年如一日的焦灼；熬，是你數十年如一日的堅持。

你想要挑戰人生巔峰，你的後路，可能就是沒有後路。因為你的努力可能會被否定，你的辛苦可能不被認同，你的隱忍可能不被理解，你的付出短期內沒有回報。

你要穿越無盡的黑暗，你要看穿人性，你要體會人間冷暖，但你不能妥協，只能默默地蓄積能量，在逆境中讓自己成熟，在絕境中捕捉稍縱即逝的機會。

所有的卓越都是逼出來的，所有的輕鬆都是熬出來的。**當你選擇在夜晚的被窩裡哭泣，但第二天醒來依然微笑前行時，你才能成為一個真正堅強的人。**

願你我都成為一個不為低級欲望放縱自己，而為高級欲望懂得自律，擁有頂級欲望並為之堅守一生的人。

02

你的一天怎麼過，一生就怎麼過

一

思考一個問題：你的空閒時間多，還是忙碌時間多？

如果你不缺的是空閒時間，說明你可能窮，因為你的時間不值錢。關於窮和富，先聽我講一則故事。

窮人去世後去見上帝，他質問上帝：「為什麼有人一生享受榮華富貴，錦衣玉食，而我卻只能饑腸轆轆，做著又苦又累的工作，穿著又破又爛的衣服，住著四處透風的房子？」

上帝一臉無辜地說：「我把知識、技能、信念、機會都放在了你的頭頂上方，只要你抬頭就能看到，只要你起身跳一下就能抓到。但是你呢？我只看到你每天低頭做著又苦又累的工作，即便在空閒時間休息時，你也只是低頭唉聲歎氣。」

故事裡的窮人，物質的窮，只是表面；認知和眼界的窮，才是根本。認知水平愈低的人，往往格局和眼界愈小，做出的決定愈沒有遠見。**認知水平決定了一個人的格局，而格局決定了人生的走向，有時候甚至決定了人生的結局。**

我想起了一位女性友人，她喜歡逛街血拚，擅長殺價。

記得好久前有一次，我訂了餐廳，請她和幾位朋友吃飯。結果，她同往常一樣姍姍來遲，比約定的時間晚了半個小時左右。

進來時，她手裡拎著一只購物袋，連聲說：「對不起，來晚了！本來不至於遲到的，去買了件衣服，殺了殺價，路上還有點塞。」

朋友中，有一個脾氣火爆的，直接開嗆她：「這次來這麼晚，你一會兒買單！」

她嘻嘻笑了笑，沒接話。

另一個朋友假裝羨慕地問：「姐，今天找到什麼好東西了？」

她得意地笑了，掏出剛買的衣服，說：「老闆要三百，猜猜多少錢到手的？」

大家七嘴八舌地瞎猜，有猜二百的，有猜一百五十的，有猜一百的……「哈哈哈，七十五，怎麼樣？是不是跟半買半送差不多？料子還不錯的。下次你們逛街，記得叫我，免費幫你們殺價……」

那天喝的是啤酒還是紅酒，我記不得了，但那天她臉上的神情，我記得很清晰。

今天，聽說她依然喜歡網購，擅長殺價，她的日子一成不變地繼續著。推薦給她的書，每次問起，她總是笑笑，說自己沒時間讀，也沒心情讀，因為生活艱難，「壓力山大」。

節約是美德，這沒錯。但如果為了省錢，搭上很多時間，就是典型的窮人思維。因為這些時間，如果用來讀書、聽課、學習、旅遊、聽演講或跟厲害的人聊天，會讓生命更有價值。

你的一天怎麼過，你的一生就怎麼過。

如果你花半小時挑一件便宜衣服，需要再花半小時跟店主殺價，每次為了一件便宜衣服浪費一小時，那你可能就只配穿幾十塊錢的衣服，一生如此。

二

我讀過一些關於財富積累的書，從沒見過有一本書告訴讀者「靠節約就能致富」。財富積累的最好的方式，不是花時間思考怎麼省錢，而是想辦法賺更多的錢。

每次表達上述觀點時，總有人吐槽我：「別扯了，淨說風涼話，誰不想多賺錢，但誰不知道錢難賺？」

可我想說：「知道錢難賺，知道自己沒本事賺錢，為什麼還不肯去學本事？固守貧窮的結果，是繼續窮，愈來愈窮。」

不願意改變，是不成熟的特徵之一。很多人甘心日復一日地忍受窮困和痛苦，也不願意去面對未知的改變。

我的一位同學辭掉事業單位的工作後去創業，如今事業有成，身家過億。有一次，跟他一起喝茶閒聊，我問他：「你每天起床後做的第一件事是什麼？」

他說：「伸個懶腰。」

我說：「能不能說點正經的？」

他瞪了我一眼，說：「伸個懶腰，怎麼就不正經了？哈哈哈，伸完懶腰，洗臉刷牙，吃早餐。然後，上班的路上，我就開始工作了。但一般還是會花個三到五分鐘去思考當天要做哪些事，這樣會讓自己的時間更有價值。」

我突然意識到：**時間本身沒有價值，不同的人選擇用同樣的時間做不同的事，讓時間產生了不同的價值**。

即便你只是一個平凡人，做著普通的工作，過著平凡的生活，也可以利用你的業餘時間去學習其他技能，創造自己的精神財富和物質財富。

我們公司的一名同事小熊姐姐，年輕、漂亮、溫柔。她在工作之餘，堅持做B站（嗶哩嗶哩）的up主（影片上傳者），她喜歡分享精神世界的收穫，最近還小賺了一筆。

小熊姐姐普通大學畢業，但先後跳槽三家公司，而且每跳槽一次，薪資就漲一個臺階。

她把自己找工作的前期準備、履歷製作、面試經歷、工作性質等內容拍成短片上傳到B站，由於是親身經歷，實戰性突出，很快就在B站上累積了一眾粉絲。

昨天中午我向她請教時，她神祕又自豪地告訴我：「已經有客戶找我洽談相關的業配合作了，雖然一支短片給的費用不多，只有幾千元，但有種成就感的收穫！」

今天，就在我寫這篇文字時，看到了小熊姐姐剛更新了一個主題為「如何找男朋友」的短片，有點意思吧？

所以，**你白天上班的八小時，只決定了你當下的薪資；而你下班之後的八小時選擇做什麼，則決定了你的整體收入和未來價值。**

三

很喜歡《斷捨離》中的一段話：「放手一個無用之物，就騰出一點空間。處理一件多餘之物，就減少一份負擔。減少一次浪費，就恢復一分精氣神。然後，翻開人生新篇章。」

你要愛自己，就應該學會以「斷、捨、離」的態度重新審視自己生命中的每一天。

那些你占據的東西，也在占據你。而你的人生時間是有限的，請選擇更有價值的事去做。

英國作家奧斯卡・王爾德（Oscar Wilde）說：「To love oneself is the beginning of a lifelong romance.」（愛自己，是一生浪漫的開始。）

倫敦商學院經濟學教授安德魯・斯科特（Andrew Scott）和管理學教授琳達・格拉頓（Lynda Gratton）在其經典著作《100 歲的人生戰略》中預言：很多人這輩子很有可能活到將近一百歲，甚至超過一百歲。

記得讀完這本書時，我把自己對生命的預期從四十歲調整到了一百歲。但匆匆百年，放在人類歷史的長河中，其實也很短。

不管你能活多久，**你的每一天都是往後生命中最年輕的一天，你沒有理由不去愛自己**。

過好生命中每個最年輕的一天，是愛自己最好的方式。

03

接受自己的不完美，但不接受自己的不努力

一

我這個人不完美，而且很庸俗，走在街上時，看到美女忍不住多看兩眼就算了，有時看到特別好看的帥哥，也會多看兩眼。但請不要懷疑我的性向，這僅僅是我的一個小毛病，又或許我有點兒欣賞的眼光罷了。

我這個人小肚雞腸，昨天有同學在社群平臺上＠我，說我長得像宋小寶，我當時就火了，立即回嗆：「你長得才像宋小寶，你們全家都像宋小寶！」

發完這則貼文，心情舒暢。我完全沒有老師該有的樣子，看起來不太正經，實際上也不太正經，另類吧！

我這個人口無遮攔，從事教育培訓行業。

該行業本質上是服務行業，只不過服務的內容有點特別——講授如何應對考試。

講課時，偶爾會給自己的學生挖坑，等他們跳進坑裡後，再電他們。但話術比較單一，翻來覆去，就那麼幾句：「舉起自己的小手，捏捏自己的大臉，問問自己為什麼這麼可愛？」、「請你立即跪在電腦或手機的前面，反思為什麼選B？」、「閱卷老師都哭了。」、「你想幹什麼，想笑掉閱卷老師的面膜繼承她的花唄（類似信用卡）嗎？」

夏天到了，又到了吃冰棒的時節。有時，我在課前直播吃了兩根冰棒（直播前沒露臉時還吃了兩根，下課後又吃了兩根），做了一回「吃播」。

在鏡頭前吃冰棒，用搞笑的樣子，逗逗這幫在家聽完學校網課，又來聽輔導班網課的人。他們容易嗎？真不容易！

結果，冰棒吃多了，上課時，連續打了好幾個噴嚏，影響了授課，還被他們取笑了。當然，我知道他們即便取笑我，也是愛我的。

我愛吃冰棒這個小毛病，開始於小時候，我媽不給我買，美其名曰「吃冷食傷胃」，實際上是省錢吧？童年裡留下了陰影，現在算報復性消費吧。

吃冰棒的美好回憶是在大學時，跟室友比賽吃冰棒，結果我贏了，一口氣吃了十幾根。第二天除了肚子疼，其他什麼狀況也沒有！

從此，我知道我家老太太說的沒錯，涼東西吃多了會傷胃。以後，還是會控制自己，要少吃，目標：每天只吃兩根。

還有很多，都是小毛病，不再一一鞭笞自己了。

其實，自我調侃挺好玩的。自我調侃多了，我發現：我的很多學生，也以逗我、調侃我為樂趣。而我，選擇快樂接受，他們也只是過過嘴癮，沒有真要損我、笑罵我的意思。

看到了嗎？一個人，是可以假裝豁達、開朗和可愛的。

這一段碎碎念就是想告訴大家，你可以接受自己的不完美，但不能接受自己的不努力。

二

很多人問我：「您為什麼能如此勤奮？既要授課，又要經營自己的粉絲專頁，還要寫作，請問您如何管理自己的時間？您發懶不想努力時，是如何推自己一把的？」

我其實也很懶，比如該更新的粉絲專頁，有時好幾天也不見動靜，不得不發時，搶在二十四點前的最後幾分鐘發出去；答應編輯要寫的書稿，好幾天也沒動筆，編輯一遍遍催促我，才有動力生產。如果說一定有什麼方法能在自己不想努力時逼自己一把的話，那就是營造時間的緊迫感。

假設你準備考研究所，距離考試還剩二百五十天，貌似還早吧？

細算一下，因為每天既要複習英語，還要複習政治、專業科目和數學，所以你每天大概只能花二小時學習英語。二百五十天，你雖然可以投入五百個小時學習英語，但五百除以一天二十四小時只剩相當於二十一天。

這麼一算，英語的「有效學習時間」只有二十一天。緊迫感，感受到了嗎？

我在網上做這個分享時，有人評價說：「這個演算法太無賴了。」

我回覆說：「沒有完美的方法，只有有效的方法，有效就是好方法。如果你用類似的時間計算法，逼自己考上了研究所，或者因為工作成績突出而加薪升職，你還會高興得像孩子似地跑過來感謝我呢。」

你可能有大把大把的時間，但不代表你有同等時長的「有效時間」。如果你每天在學習上花費八小時的有效時間（不玩手機、不被干擾），那麼你的學習成果基本上能超過九〇%的人，因為很多人只是看起來很努力而已。

真正的努力，意味著你要以自己不舒服的節奏甚至是不喜歡的方式，拚命做自己覺得對的事，過程充滿壓力與忍耐。

你可以接受自己的不完美，但不能接受自己的不努力。

酷夏來襲，坐在冷氣房裡喝咖啡，是享受。但為了維持美麗健康，你要逼自己努力去運動！

工作有時乏味無趣，但為了有安穩的生活，你要逼自己努力賺錢。**因為你只有度過生存期，才有資格談理想**。

你每天放縱自己的嘴，憑什麼甩掉身上的肉？你沒勇氣面對自己的不完美，以及來自他人的善意或直白的批評，又如何從內心深處真正看到自己需要的成長？

你對自己愈狠，收穫可能就愈大。

04

保有隨時離開的能力

一

二〇二〇年初，新冠疫情開始蔓延。這次疫情，影響了很多公司和企業的經營，也改變了很多人的生活和職場境遇。

相信經歷過新冠疫情的人都知道，為了防控疫情，很多工廠停工。企業經營遭遇困境時，裁員或減薪便無法避免。

H同學離職時，輕描淡寫地給我發了則訊息：「石叔，感謝相遇和幫助，我跳槽了，但依然在教育培訓行業，今後擔任某某公司教育產品的內容高級企劃，日後我們還會有更多交集。」

我本打算假意慰留一下，但聽到她要去更好的公司和更高的平臺，而且薪資還漲了四〇%時，我捏了捏自己的大臉，問自己：有什麼好挽留的？

H同學跟我不一樣，我看上去吊兒郎當，一副不太正經的樣子，但她很專業，能把自己的生活、工作和學習打理得井井有條。

碩士畢業後，H就在教育培訓行業深耕，一步步成長為教研和內容產出的高手。

我跟她聊過幾次，發現她是一個很優秀、生活很規律的人：每天中午，都會看到她健身歸來的身影；晚上，回家陪孩子；朋友圈裡，她時常還會曬一下讀英文原版雜誌、報刊、書籍的讀後感。

我認為：一般情況下，自律的人都很優秀。因此，我曾經把當老師的好處吹捧得天花亂墜，想吸引她轉行當老師，直接面對學生，結果呢？她挺給面子，說會慎重考慮一下。十分鐘後，她回覆了十個字：「謝謝您的青睞，但尚無興趣。」

果然是「慎重」考慮，十分鐘十個字，把我打發了，哈！

其實，那一刻，我意識到，她對自己的職業定位很清晰，知道自己想做什麼，擅長做什麼，能做什麼。

後來，她告訴我，在被通知減薪的第一天，她雖然不滿但沒抱怨，而是立即尋找下一家公司。她說，自己原本以為大經濟環境不好，跳槽也會很困難，所以沒抱太大希望，但還是決定走出去試試。

結果，因為能力、履歷、學歷都足夠強大，她很順利地跳槽到更高的平臺上，薪水還漲了四〇%，當然要做的工作也更富有挑戰性。

大部分的人都是要進入職場的，那就在暴風雨來臨之前，好好磨練出自己的一項本領，即便你找到了一份穩定安逸的工作，也請你持續學習，保有隨時離開的能力。

逆風時，總有人會逆風上揚，但也有人摔得一地雞毛。

二

L同學最近也因為被減薪選擇辭職，而且她也找到了新工作，但她並不快樂。她最近的個人狀態寫著這樣的一句話：「我是一個沒有感情的工作機器。」

我問她：「你最近在做什麼工作？」

她說：「在一家教育機構做社群經營。」

社群經營工作是網際網路公司常用的一種轉化手段：將廣告投放吸引來的免費用戶，在微信群中轉化成為收費用戶。其本質，就是基於網路環境的銷售。

我問：「你喜歡現在的工作嗎？」

她說：「不喜歡，而且很不喜歡，但又能怎樣？除了這個，我也不知道自己能做什麼。石老師，有建議給我嗎？」

我記得之前給過她建議，黔驢技窮的我，又發了一遍。「判斷一份工作是否值得做，可以看三個維度，按重要性依次為：看這份工作能否讓你學到很多東西，或是否有較大成長空間；自己是否喜歡，感興趣的事情，做起來更有動力；是否有不錯的經濟回報。如果三個同時滿足，就是理想工作；滿足兩個，就是好工作；滿足一個，還是可以湊合著做。如果一個都不滿足，繼續做下去，就是混日子。混日子的結果，就是廢掉自己。」

過了很久，她回了一句：「謝謝您，又給我講了一遍。我覺得很有道理，只怪我當時沒聽進去。」

我說：「現在聽進去，也不晚哦！」

她回覆了一句：「嗯嗯！」還配著幾個搞怪的表情。

看到她發的幾個表情，我的思緒一下子回到了一年前剛認識她的時候。那時，她去一家網際網路教育公司求職，職位是班級助教，主要負責管理通訊群組，同時解答學生關於課程（非知識方面）的疑惑。

她說，工資雖然不高，但工作挑戰和難度不大，不算累，因此能在業餘時間準備考研究所，還能接觸到一些考研究所的培訓老師，非常有利於考研究所的複習。

當時，她還在一家公立幼稚園當幼教老師，工作辛苦，收入也不高，唯一優點就是穩定。但她說自己不想一輩子看孩子，忍受不了每天嘰嘰喳喳的日子。她問我：是否要辭職考研究所？

我說：「很多人猶豫時，其實本質是想這麼做，如果不想就不會猶豫。猶豫的原因是不想面對風險、壓力和挑戰。所以，如果你能承受辭職考研究所可能的失敗，就辭職；如果不能承受，就別辭職。」

她說：「好的，那我再想想。」

後來，她邊工作邊準備考研究所，結果沒考上。

第二年，她辭職專心備考。我問她：「想通了嗎？」

她告訴我，其實也沒想通，但一個老師告訴她，不辭職根本考不上研究所。

她聽完這句話，好幾個晚上沒睡好，最後就辭職了。

我本來想告訴她，這個老師的話有誤導性。辭職與否，不是考上研究所的根本原因，你的方法、方向是否正確，是否肯付出足夠的努力，才是能否考上的關鍵。但轉念一想，她已經辭職了，說明她至少下了決心。

第二年的她，確實很努力，但還是沒考上。這次，她總結失利的原因是目標訂得太高了（想考全國文學專業前三名的學校）。

我問她：「總分差得多嗎？」她說：「不多，只差了十分。」

我說：「你要清醒，十分的差距，可能就有很多人了。當然，我依然建議你不要帶著十分的遺憾，度過餘生。」

第三年，她說沒臉再向家裡張嘴要錢了，準備找份不累的工作來做，同時準備考研究所。然後問我：「去一家線上教育培訓公司應聘助教職位，如何？」
我說：「當下，什麼對你最重要？」她說：「考上研究所。」
我問：「這個工作，對你考研究所有什麼幫助？」
她說：「能賺點錢，雖然不多。更重要的是能接觸到很多考研究所的輔導老師，這樣有問題時，就能及時向老師請教。」
我說：「不錯。」
後來一段時間，我經常看到她在朋友圈曬照片，逛街購物、看電影、出遊、與同事或朋友聚餐，偶爾還罵主管幾句，唯獨沒有看到她曬和考研究所相關的學習內容。
於是，我發了一則訊息提醒她：「只要有考研究所的想法，就要立即行動起來，否則生活和工作的煩瑣，會磨平你奮鬥的決心和意志。」
她立即回了一句：「老師，您的提醒太及時了。這陣子太忙了，還沒好好準備考研究所的事呢。」
之後，她發了一則朋友圈貼文：再戰考研，賣命努力，不負韶華。朋友圈下面是眾多的讚和「加油」類的鼓勵。

又過了一個多月，她在朋友圈開始放閃，曬的是跟一位帥哥的親密照。顯然，她戀愛了。

又過了兩個多月，她問我：「最近失戀了，考研究所的科目也學不進去，該怎麼調整心態？」

我在社群平臺上，解答過這類問題很多次。於是，我就把之前的連結發給了她，順便損了她一句：「不是跟你們講過嗎？準備考研究所期間，你的顏值、情商和判斷力，都處在人生的最低谷，這個時候，隨便一個條件普通的阿貓阿狗，你可能都覺得不錯。所以，準備考研究所期間，單身人士要慎重戀愛。你怎麼就不聽呢？」

她說：「一時糊塗。母胎單身至今，這次竟然被一個『小奶狗』給看上了，這樣的桃花千載難逢，因此跌了進去。」

我問：「結果呢？」

她說：「好看的皮囊千篇一律，有趣的靈魂萬里挑一。一開始，覺得他可好了，但相處之後發現他太媽寶了。我要工作還要考研究所，根本不可能二十四小時讓他黏著我，我又不是他媽！」

我說：「如果這樣的話，應該相處一個月時，就知道不合適了吧？」

她說：「是呀！一個月時，就發現不合適了。但想想這是初戀，不捨得結束，結果後一個月更煎熬，幾乎天天吵，吵完就沒心情學習，還得哄他。好不容易下了決心分手，分手後，還學不進去。」

其實，戀愛和考研究所沒有衝突。L同學遭遇的只是在不對的時間，遇到了不對的人。

就這樣，L同學第三年考研究所的前三個月荒廢掉了。後來的她，我猜想，應該在努力學習了，可結果依然不如人意——儘管進了複試，但最後總分距離錄取線還是差了二分。

L同學畢業至今三年，跌跌撞撞，換過工作，考研究所失利，談了戀愛又失戀。她跟我說，感覺自己很失敗，沒讀好書，也沒和喜歡的人在一起，還沒活成自己想要的樣子。

我安慰她說，其實沒有人生下來就知道自己到底喜歡做什麼。要搞清這一點，最好的辦法就是在年輕時多嘗試幾種工作（或實習）。**你走過的彎路，沒有白走，你踩過的坑都會提醒你不再犯同樣的錯誤**——間歇性努力的人，往往持續性地一事無成。

如果你和 L 同學一樣，在風暴來臨時，發現自己是一葉飄搖的浮萍，就趁現在還年輕，去讀書，去磨練一門技能，去爭取改變的機會。唯有如此，你才能在風雨飄搖時，保持隨時離開的能力。

其實，很多人只有經歷了生活的苦，才知道原來讀書是輕鬆的。**生活的苦，是一種消耗；努力的苦，是一種收穫**。但現實的殘忍之處在於，不是所有人都有後悔的機會。

05

那些你所謂的不公平

一

生活中，經常會聽到一些抱怨，高頻率的句子之一是：「太不公平了！」

「家裡有兩個孩子，聽話懂事的那個總比不聽話的那個付出的多、得到的少；家裡所有好東西都歸妹妹，同樣是親生的，為什麼要這樣？太不公平了！」

「一間宿舍裡，別人都有對象，晚上聽著她們煲電話粥，想到自己母胎單身至今，我不配擁有愛情嗎？都快要搞自閉了，太不公平了！」

「同樣是考大學英語考試，別人考的翻譯題目是『剪紙』，為什麼我考的就是『燈籠』？我知道『剪紙』是『paper cutting』，但我不會寫『燈籠』，於是就寫了個『something like LED』（像ＬＥＤ燈一樣的東西）。考試當了，太不公平了！」

「同樣是吃肉，別人吃就不長肉，我吃了就會胖，我連喝口水都長肉，太不公平了！」

「我熬夜學習到頭禿，別人考試作弊，用抄的分數比我高，還拿到了獎學金。我找誰說理去？太不公平了！」

「我全心全意對他，一片癡心，他卻背著我跟別人勾搭，花了我的錢，最後還甩了我。為什麼老天對我這麼不公平？」

「一起走在去教室的路上，室友撿到了一百塊錢，我怎麼就沒這個命？太不公平了！」

二

你看，生活中的「不公平」五花八門。如果感覺不爽快，不妨換位思考一下：**如果占便宜的人是你，你還會抱怨嗎**？

痛苦來臨時，你問：「為什麼是我？」天上掉餡餅時，你可能就偷著樂了。一件好事，大家都沒有得到，你不覺得不公平；一件壞事，大家都遭遇了，你也不會覺得不公平。

那些你所謂的「不公平」，都源於對比的傷害。而你，如果深陷對「不公平」的怨念中，遲早毀了自己。

首先，一個目標明確、行動力強的人，哪還有閒心去琢磨「不公平」帶來的傷害？每個人每天只有二十四小時，除去吃飯、睡覺、娛樂，你選擇一天怎麼過，你這一生大概也就這麼過了。

其次，抱怨「不公平」的心態，會阻礙你去思考，進而把你帶進懶惰的深淵中。即便你遭遇了真正的「不公平」，也不要自怨自艾，因為用埋怨的心態對待自己，不是自我救贖，是自我懲罰。

更有甚者，心態失衡，跑到「白富美」和「高富帥」面前、或躲到他們身後惡語相向：「你有什麼了不起？不就有點臭錢嗎？不就長得好看點嗎？」

醜或窮不可怕，可怕的是有人又醜又窮，還只會躺在「上天對我不公平」這個萬能藉口上得過且過。不肯花費力氣去讀書學習、保養皮膚、健身減肥、對待生活和工作，結果只能是一輩子持續身體和靈魂的平庸。

人的很多憤怒，本質上都是無能的體現。活得艱難不可怕，可怕的是活得難看。

三

遭遇不公，怎麼辦？除了自嘲解悶，**在你有能力改變別人和世界之前，不妨先嘗試改變自己**。

其實，這個世界上公平的東西，除了時間，還有選擇的自由。你選擇做一個什麼樣的人，這件事沒有時間限制。只要願意，什麼時候開始都不算晚。你可以選擇從現在開始改變，也可以選擇一成不變。

我希望，你能見識到令你驚奇的事物，能去體驗你未曾體驗的情感，能去遇到一些閃閃發光的人。

我希望，你能每天鍛鍊身體，練出魔鬼身材；每天讀書，孕育有趣靈魂。這樣的你，即便單身也始終在成長，將來緣分和真愛來臨時，你能更自信地站在對方面前去接受或爭取自己的愛。

我希望，即使面對不公，你的眼睛也可以淚中含笑，在生活的一地雞毛中舞出精彩。

這個世界上，有很多不缺錢但還在努力工作的人；有很多身材很棒卻還是每天堅持健身的人；有很多長得好看還在努力學習才華橫溢的人。停下你對「不公平」的抱怨，立志做一個潔身自好、經濟獨立、內外兼修的自己。

06

放縱，正在毀掉一些人

放縱，正在毀掉一些人，毀掉你的身子和腦子。

比如，二〇二〇年的新冠肺炎疫情蔓延正好趕上了春節，很多人憋在家裡，嗑瓜子太多，導致上火、口腔潰瘍了，還是放縱自己繼續嗑瓜子。

明明知道吃多了會發胖，還是放縱自己繼續垂涎美食，繼續猛吃！

起床後從不疊被子，頭髮亂成雞窩，胡亂洗把臉或乾脆不洗臉，假期就這樣一天天過去。

臥室沒亂到無法下腳，就沒有動力去整理。然後被迫在實在看不下去的時候集中處理，直到累得半死。

明明知道刷手機的社群平臺和各類應用程式時，刺激的只是淺層大腦，但就是停不下來。不刷，心裡空虛；刷完，繼續空虛。

總嚷嚷著要找個男朋友，卻從不主動出擊。既不去鍛鍊身體練就姣好身材，也不去讀書修煉有趣靈魂。放縱自己的你，有什麼資格渴望一名白馬王子？這樣的你，只能母胎單身。

這樣的你，繼續放縱著自己，還容不得別人說。父母稍微批評幾句，就直接嗆回去。

這些天，你在數日子，苦熬著，身體陷入走樣、懶散甚至病態，任由青春碌碌無為地虛度；一時興起，打開書，讀了幾頁後，刷刷朋友圈或看看臉書，然後書就被扔到了一邊，始亂終棄。

人生多數不如意，都是放縱欲望，對自己不加約束的結果。繼續放縱自己在本該奮鬥的年齡裡選擇安逸、頹廢和墮落，毀掉的不僅僅是自己的身子，還有腦子。

人生的四大悲劇有很多版本：

1. 窮得沒錢做壞事；熟得沒法做情侶；餓得不知道吃什麼；睏得就是睡不著。
2. 才華配不上夢想；容貌配不上矯情；收入配不上享受；見識配不上年齡。
3. ……

總之，繼續放縱下去，人生悲劇會有更豐富的版本。

網上有句很紅的話叫「百因必有果」，我想，多半也是有些道理的。如果你常去夜店尋歡，遇到的人十有八九是逢場作戲的，儘管也可能遇到真愛；如果你常因為寂寞而戀愛，對方八成也因為寂寞選擇跟你在一起，過陣子又分開；如果你只是想找個人湊合，愛情剛開始就進入了老夫老妻模式，那麼你遇到的對方估計也是這樣，日子就過成了將就。

其實，我們的人生什麼樣，並不取決於遇到什麼樣的人；**我們會遇到什麼樣的人，取決於我們是什麼樣的人，以及想成為什麼樣的人**。當然，我寫下這些文字，也沒指望著你讀完立即變成有為青年。我寫下這些文字，首先是為了罵醒自己，其次才是為了提醒正在閱讀的你。

真正促使我們改變的，是內心深處對自己、對現狀的不安、不甘和不滿，當然還有持續的努力，而不是自我放縱。

冬將盡，春可期。你需要行動起來，要嘛讀書，要嘛健身，要嘛聽課學習，要嘛跟著爸媽學做飯，反正不是抱著手機守到地老天荒！

可怕的不是你之前的放縱，而是你讀完這篇文字，捏了捏自己的大臉，然後繼續放縱。

07

提前充電，早點認清自己

一

我有一個哥們是某網際網路創業公司的合夥人，一大把年紀了，至今單身。父母逼婚，自己也很想找個對象結婚成家。

顏值不高，不是他最大的弱勢；更嚴重的是他總是張嘴閉嘴說別人這個傻，那個low（水準低），嘴臭是更大的問題。

有一天，他說：「能給我介紹個對象嗎？」我說：「你要求什麼條件？」

他說：「條件也不算高！女生長得漂亮點、身材好點、學歷高點、脾氣好點，父母有文化點、事情少點、對我好點，家裡最好再有幾間房和幾部車……」

我說：「這些條件還不高，還得再加一

條，這個女的還得是個瞎子。要不她憑什麼看上你？」

雖然我不認可他找對象的標準，但也尊重他的選擇。不過如果他沒有自我的改變，就這麼堅持下去，那就找對象這件事而言，可能是死路一條。

其實，對我們每個人來說，認識自己是走向成熟的必經之路。

想要讓事情改變，先改變自己；想要讓事情變得更好，先讓自己變得更好。如果一個人不先改變自己的壞習慣，就談不上去影響和改變別人。除了幻想產生的自我認識偏差，對普通人而言，還有哪些習慣會讓我們不能逼自己一把呢？

二

首先可能是自制力差，總覺得還有明天。

對英語學習者而言，四六級不算一個有難度的考試，但很多人卻怎麼都考不過。他們多次準備考試的軌跡大概是下面這樣的：

開學初，想想還有三個月才考四六級，於是告訴自己：玩一個月再說吧！

一個月以後，想想還有二個月才考四六級，於是告訴自己：再玩一個月再說吧！

再過一個月以後，想想還有三十天才考四六級，於是告訴自己：再玩一個星期再說吧！

十幾天以後，發現四六級考試時間真的沒剩幾天了，於是告訴自己：隨便考考算了！

很多時候，你不出色的原因，可能不是你的能力，而是你的態度和魄力；最可悲的不是你不行，而是你本可以，但拖延給你帶來的只有年齡的增長，而沒有成長。

舞臺再大，自己不上臺，永遠是個觀眾；平臺再好，自己不參與，永遠是個局外人。

三

其次是「居安不思危」。順風順水的日子裡，不能提前籌備「絕境」時的乾糧。

一個人的格局，要看逆境時的堅持，更要看順境時的胸懷和眼光。

網上有篇貼文：當你的手機有九〇%的電量時，你自然不會在乎電量；但當你的手機只有一%的電量時，你當然會在乎那一%的電會不夠用。

對此，許多人表示贊同。但我不理解的是，為什麼要把自己逼到只剩一%的電量呢？

充滿電再出門，或是隨身帶個行動電源，買不起行動電源的話，很多地方都有共享行動電源充電插座。

如果你知道給手機充電，那麼你為什麼不能提前給自己的人生「充電」呢？

我的好朋友，「中年滯銷書作家」李尚龍老師，就是一個懂得時刻為自己的人生充電的人。

二〇一一年冬天，我人生第一次遇到尚龍老師時，他還是個落魄的窮小子，那個時候他在北京租了一間隔間套房。

白天上課，累了一天，晚上想好好休息時，隔壁租房的小情侶總是傳來一些異樣的聲音，讓他無法好好休息。

換作一般人，面對這樣的逆境可能就崩潰了。但尚龍沒有，他戴上耳機聽英語，而且還跟著大聲朗讀。

聽力練完了，他開始對著隔板牆，一遍遍地練習講課；課練完了，再來一段即興演講。

我想那時午夜時分講課的他，聲情並茂的樣子一定很可愛。

後來隔壁的情侶不僅沒有了聲響，而且在一個月後直接搬走了。尚龍老師後來總是感激，正是那段自己逼自己的日子，練就了他今天出口成章的本領。

其實，個人成長如此，企業的發展也是如此。

二〇一九年五月十七日，各大個人媒體上「華為備胎」的話題一夜洗版。

當時的情景是，美國毫不留情地中斷了華為全球合作的技術和產業體系，在毫無理由的情況下，華為被列入了美國商務部工業與安全局的「實體名單」。

這個決定是瘋狂的。國人都為此揪心，因為華為遭遇的困境可能是前所未有的。

然而，你不得不說，華為實在是太強了。因為在多年前，尚且雲淡風輕的時候，華為就做出了極限生存的假設。他們預計有一天，所有美國的先進晶片和技術將不可獲得，而華為仍將持續為客戶服務。

為了這個看似永遠不會發生的假設，數千名華為的科技研究員，走上了科技史上最為悲壯的長征，為公司的生存打造「備胎」。

也正因為這個備胎的存在，挽狂瀾於既倒，確保了華為大部分產品的戰略安全。

四

最後，我想說，「不到沒有退路時，你永遠不知道自己有多強大」這個邏輯成立的前提是，你前期儲備了足夠的彈藥、足夠的本事、足夠的能力，如此，在面臨絕境時，才能激發潛力，才能有「絕處逢生」的驚喜。

不要讓每件事都把自己逼到沒有退路時，才去找出路。你更要做的是**未雨綢繆，這樣在沒有退路時，才能瀟灑地找到出路**。

但如果真的有一天你被逼到絕路，沒有了退路，也不要怕，抱著「孤注一擲」

的決心，你一定會找到出路。

過去無法改變，感慨逝去已是徒然，倒不如把握當下。不如就從今天嘗試改變，在未來遇到更好的自己。

08

不夠努力，雞毛蒜皮的破事都成了煩惱

「老師，我很絕望。一直以來，我都希望自己成為一個有知識、有能力、快樂生活的人，但由於大學聯考沒考好，我現在進了一所很垃圾的學校。」

這是一個學生在我粉絲專頁的留言，看了看他的暱稱，雌雄難辨。「能具體說一下你的苦惱嗎？」我回覆了一下。

「聯考分數距離自己想去的學校就差了三分，結果掉到了這所垃圾學校。我覺得，這是我悲劇生活的開始，而且你知道嗎？我們學校裡，好多人都不念書。聽說，人家北大圖書館有八百萬冊藏書，而我們學校的圖書館很小，藏書只有五六萬冊。所以，我們只能無所事事地打打遊戲！」

「你去圖書館借過幾本書？看完過幾本書？」我追問了一下。過了好一會兒，他回覆：「借過，但都沒讀完。」

說完這句話，他又發過來一串「哭」的表情包。

好奇心驅使我點開了他的帳號，全是各種遊戲、購物以及各種惆悵，中間夾雜著轉貼一些四級必備高頻率詞彙。

後來我又問：「圖書館雖然書不多，但足夠你讀了，哪怕你只讀兩百本書，你也會成為一個厲害的人。」

第二天，他回覆了一行字：「我去圖書館看書，還要遭受室友和同學異樣的眼光。」

怎麼會這樣？學習，還會遭遇白眼？

一

我猜想這位同學所就讀的大學，不是一所真正意義上的大學，甚至可以說是一所「假大學」。這些年，我聽到、見到過很多類似的同學。

比如，在一所「假大學」的某個宿舍裡，大家都不讀書時，宿舍氛圍特別好，關係融洽和諧。

突然間，你讀書了，室友或同學之間的關係開始變得微妙。因為很多人不僅自己不學習，還不喜歡別人學習。於是，在你去自習室或圖書館學習完回到宿舍時，就聽到一些冷言冷語，甚至是嘲諷。

「哎呀！你這麼刻苦讀書，真是我們學習的榜樣呀……」言語之間，充斥著譏諷的味道。

面對這樣的室友或同學，你選擇怎麼辦？跟他們打一架？還是一巴掌直接抽過去呢？

答案是：當然可以，但沒有意義。三觀不同，何必強求？這就好像你走自己的路，遭遇一條野狗，對你一陣狂叫，你怎麼辦？是跟野狗打起來，惹得一身臊，還是繼續走自己的路？

我的好朋友、知名英語老師王琢說，**對待這樣的非議或嘲諷，你不去碰它，它只是一件事；你去激烈回應，它就變成了一個事故。**「中年滯銷書作家」李尚龍說，你無法選擇自己的室友，但可以選擇自己的朋友，更可以選擇想要的生活。

對呀！你有那麼多的夢想要去追尋，有那麼多有意義的事情要做，何必傻乎乎地把時間浪費在不相干的人身上呢？

當然，如果你還是咽不下這口氣，怎麼辦？那就接受別人的「嘲諷」：你不是說我努力嗎？好，我就是要努力，賣命努力去學習。等你考過了四六級，考上了研究所，到時候把成績單或錄取通知書甩在他臉上，問問他：我就是努力了，怎麼樣？

當然，當你翻山越嶺，歷經艱辛到達了成功的彼岸時，你真的還會把自己的成績單或錄取通知書甩在那個當初諷刺你的人的臉上嗎？我相信，你不會。**因為當你經歷了這一切時，你已經站在了更高的地方，回頭再看時，你會覺得這一切都變得風輕雲淡。**

書寫你夢想的，永遠不是別人的嘴，而是你的選擇和行動。

如果今天你所就讀的大學並非你一直以來夢想的學校，如果今天你的生活不是自己一直以來想要的生活，如果今天你所處的朋友圈的層次和水準也不是自己所期待的，請你選擇努力讀書、工作或磨練自己的技能。因為你只有站在更高的平臺上，才有改變未來的機會，才會結識更多優秀努力的人，才會遇到更好的自己。

二

名校確實是一個通往美好未來的重要途徑，但絕非唯一選擇。

我們都羨慕名校、想去讀名校，是因為名校良好的學習氛圍、大師情懷和學術資源對人成長有較大的催化作用，更因為「名校」這個光環背後所指向的「被認同」、「智慧」和「成就感」等價值。

但身處非名校，並不能成為你鬆散的藉口。

你也可以選擇在一所相對平凡的學校，透過努力獲得「被認同」、「智慧」和「成就感」，沒必要把人生的不得意歸咎到你所就讀的大學身上。你就讀的大學又沒有逼著你懶散、墮落，明明是自己的問題，卻歸咎於環境，這是很幼稚的做法。

無法選擇自己所處的環境，就從選擇改變自己開始。

我的一個學生，從川北醫學院考上了北京清華長庚醫院的碩士研究所。那天，他收到了錄取通知書來北京見導師後，順道來看我。一個男人見到另一個男人時，一會兒哭一會兒笑，搞得我哭笑不得。

我問他：「你的同學和老師，一定都為你感到驕傲吧？」

他說：「應該不會，因為他們都不知道我考的是清華大學的長庚醫院。」

我吃驚地問：「為什麼呢？」

小伙子笑了笑，繼續說道：「考研究所要報考哪所學校，是我自己的事，我覺得沒必要跟別人說，我連爸媽都沒說。而且，我覺得自己不一定能考上，所以就乾脆不說。」

我又接著問：「難道沒有人問嗎？」

你要知道，生活中總有一些「鹹吃蘿蔔淡操心」的人，會抱著打破砂鍋問到底的態度追問你不想說的事。好像你不說，就是不真誠，就是不把人家當朋友一樣。

小伙子又笑了笑，說：「確實有人問。別人問的時候，我就只說了要考北邊的學校。後來的我，既要實習又要考研究所，累得半死，連上廁所都得跑著去，哪還有時間跟別人閒聊？」

有些所謂的煩惱，都是閒出來的。

如果你有目標，你選擇努力，每天累到挨枕頭就睡，哪還有跟別人閒言碎語的時間？

當你不夠努力，雞毛蒜皮的破事也會變成煩惱。這跟你是否身處名校，沒有半點關係。

09

有效的努力，不是傻傻的堅持

今天，在朋友圈看到了一句「雞湯」式的勵志語錄：「再偉大的夢想，都抵不過傻子似的堅持。只要你想成功，全世界都會給你讓路。」看到這句話，我陷入了沉思：「生活中，總有人傻傻地喝著『雞湯』，喝著喝著，就把自己毒死了。」

所有聽上去有道理的「雞湯」，都需要正確的理解。

一

再偉大的夢想，都抵不過傻子似的堅持。

首先，實現夢想，沒有堅持是不行的。沒有堅持，就會半途而廢，但只是傻傻的堅持，又是不夠的。

我更願意相信：任何成功者的堅持，都是在動態調整中的堅持。你可能聽過這樣的一些小例子：

莫札特六歲時第一次寫協奏曲，在此之前，他的父親已經指導他練習了超過六千五百個小時。

丁俊暉從八歲開始練習撞球，國一輟學後，每天平均練習十個小時。十八歲那年成為英國錦標賽冠軍時，已經練習了超過一．七五萬小時。

我們讚嘆莫札特和丁俊暉身上這種勤奮、持之以恆的優秀特質，但是我相信，他們成功的動力一定不只是他們的勤奮和堅持。

如果僅僅是日復一日簡單重複，不僅沒有進步，反而是對能力的摧殘。而且簡單的重複只會令人心生倦怠。

沒有進步的堅持，令人沮喪，看不到成功的希望。

英文中有句諺語，叫「practice makes perfect」，也就是我們熟知的「熟能生巧」。這句諺語描述的就是一個動態的過程。

我相信，無論是莫札特還是丁俊暉，他們一開始的 practice（練習）可能都是不完美的，也正是帶著這樣的不完美，他們堅持訓練去尋找達到完美的方法。

因此，**聰明者的訓練，一定是不斷發現問題、解決問題的過程**。其實，不只聰明人的訓練是這樣的，像我這樣的笨蛋何嘗不是如此？經常第一天寫下的文字，自我感覺還行，但第二天再讀時，立即發現很多不順之處，甚至懷疑：「這是我寫的嗎？」然後，默默地捏了捏自己的大臉，繼續修改直到自己滿意為止。

再比如，親愛的你，如果此刻正經歷著「單字背了忘、忘了背，背完又繼續忘」的尷尬，你需要的不僅僅是堅持，更需要透過聽課或向身邊的厲害人士取經。**因為改進方法之後的堅持，更有意義**。

我想，「再偉大的夢想，都抵不過傻子似的堅持」這句話真正想要表達的是：在我們遭遇挫折和困境時，首先不要輕言放棄，但這還遠遠不夠，你更需要的是在堅持夢想的同時，不斷提升自己，掃除一個個障礙，一步步接近目標。

二

有人可能又要問：如果我堅持了，最終卻沒有獲得自己期待中的成功，怎麼辦？

那也請你選擇堅持和努力，因為在堅持和努力中，你可能收穫意外的驚喜，甚至更大的成功。

不妨看看下面這個小故事吧。

有這麼一個人，我們暫時稱呼他為小洪吧。小洪出生在中國江蘇江陰農村，他最擅長的是插秧，但他的夢想是考上大學，改變「面朝黃土背朝天」的命運。

不幸的是，小洪第一年落榜了。

他沒有放棄，但更不幸的是，他第二年又落榜了。

小洪的家人和親戚都勸他：認命吧！但小洪咬牙堅持複習，第三年終於實現了夢想，考進了一所國內排名前面的大學。

小洪藉由堅持和努力，迎來了改變人生的轉捩點。

但在大學期間，小洪並不算成功，最起碼在學習成績方面。雖然他賣命努力學習，奈何那些比他優秀的同學比他更努力。他一直在追趕，卻始終無法與那些天資優異的同班同學相媲美。

畢業後，小洪留校任教了，倒不是因為他教學能力很強，而是恰好趕上了學校大學部擴招，大學英語師資嚴重不足，他才有機會留下來。

小洪的努力和堅持，雖然沒有讓他像其他人一樣成功，但讓他收穫了意外的驚喜。

幾年後，同時期跟小洪一起留校的昔日同學，一個個出國留學離開了。後知後覺的小洪心中燃起了新的夢想：出國留學，定居海外。

要申請國外的學校，就得有GRE（美國研究生入學考試）成績，但GRE的報名費很貴，而且出國讀書的花費是筆天文數字，怎麼辦？為了攢錢，小洪開始在培訓機構講課。

結果，天有不測風雲，小洪受到了任教大學的處分。因為他在外兼職講課，影響了大學本身開辦的培訓班的招生。

受了處分，在校園裡被大喇叭廣播點名批評，很慘吧！但這一切沒有澆熄小洪的夢想。他辭職後，光明正大地開始自己開班招生，準備攢夠了錢申請出國留學。

錢攢夠了，小洪高高興興地去申請出國留學，卻因為不可抗拒的原因被拒簽了。小洪最初的夢想破滅了，但他發現了比出國留學更賺錢、更有意義的事情——培訓。培訓不僅能賺錢，還能影響和改變更多人，幫助他人實現更大的人生價值。

後來，他成立了公司，再後來公司上市了，他成了富豪、教育界名人、企業家……

你看，小洪的堅持和努力，儘管最終未能幫他實現出國留學的夢想，但幫他收穫了更大的成功。

這是一個真實的故事，發生在三十多年前，正在讀這篇文字的你，那時可能尚未出生，小洪的全名是俞敏洪，我的前老闆。

三

今天的我寫下這些文字，把我對於這句「雞湯」式語錄的理解分享給你，是想告訴你：不要看到「雞湯」就喝，有些「雞湯」不僅沒有營養，可能還有毒。很多時候，真相並不像「雞湯」那麼簡單。

學會辯證地看待事物，學會理性懷疑，會讓你更好地成長。

當然我也承認，我寫下的這篇文字，可能是一碗更毒的「雞湯」。不管怎樣，都希望讀到這篇文字的你，能保持頭腦清醒，而不是盲目地努力。

10

在崩潰的邊緣，保持微笑

我的學生，一個讓人引以為傲的山西女孩，從一所三本院校（大學自辦的二級學院），跨省、跨主修考上了北京一所前段班大學的碩士研究所，主修會計。

作為考研究所逆襲上岸的榜樣，她受老師邀請，與同校同科系的學弟學妹們分享經驗，而且還上了畢業生的榮譽榜。

她的爸媽也揚眉吐氣，在各個聚會中，接受親戚們欽羨的注目禮。一時風光無限的她，最近卻過得很不愉快，因為她發現：讀研究所的日子太辛苦了。

作為跨主修考上研究所的人，她跟其他同學在專業知識儲備上差距不小，新開的專業課程她得使出吃奶的力氣才能勉強跟上。而且，還要面臨報考會計師的壓力。

那天，她找我聊天，談到這些煩惱。我看著她很深的黑眼圈和爆痘的額頭，笑了出來。

她說：「彥祖老師（學生們調侃我的長相，給了我這個稱號），你能不能正經一點？你看看你一點老師的樣子都沒有。」

我說：「你先去忙吧，我手邊有點工作要處理，等我忙完，專門寫篇文章為你答疑解惑。」

讀高中時，很多家長和老師都騙我們：「考上大學就輕鬆了，課業沒那麼重，還能談戀愛……」

結果呢？戀愛不一定談得到，放縱自己，倒是真做到了。一時放縱一時爽，一直放縱一直爽。但經歷了大一、大二的懶散、重修和迷茫後，很多人覺醒了：「出來混，遲早要還的。」

有人決定考研究所，結果老師又出來騙學生：「考上研究所就輕鬆了，考上研究所能交往到高素質的對象，肯定會有的。」

結果呢？考上了研究所，發現讀研究所比考研究所更累；對象？更是連個影子都沒見著。

終於，你認清了現實的殘酷，但也請你在崩潰的邊緣繼續保持微笑。

考上名校研究所，不會因為你考上了，就自然而然地得到與名校研究生相匹配的能力。

報考研究所，你得從千軍萬馬中殺出重圍，考上研究所，跟你過招的全是高手，哪個不是身經百戰？你要站穩腳跟，怎麼可能不累？

跨主修讀名校研究所，更累，你用一年或更短的時間學習別人四年的知識。專業知識基礎薄弱，是報考之前就應該意識到的。

但還是那句話：**決定你人生高度的一定不是起點，而是你努力之後可以達到的終點**。

今天再補一句話：決定你人生高度的不只是你的終點，還有轉捩點。此刻的你，正處於人生的轉捩點，你的選擇決定你的未來。選擇努力拚下去，殺出重圍，就是選擇迎接更好的自己。

怎麼辦？沒人逼你考研究所，也沒人逼你繼續讀研究所。如果實在撐不下去了，可以選擇退學。

退學後去工作，工作就一定輕鬆嗎？還有人說恨自己當初選了這個主修，簡直是「天坑」，但讀其他專業研究所就一定輕鬆嗎？誰不需要看厚重的文獻（可能還是英文原版書）？誰不需要去面對寫論文的焦慮？誰不是在崩潰的邊緣保持微笑，甚至一邊哭一邊笑著鼓勵自己咬牙堅持下去？

戰勝焦慮最有效的方法，就是立即去做這件讓你焦慮的事情。而且，你不能等待，「等待別人給自己幸福的人，往往過得都不怎麼幸福」。

11

「不務正業」與「不務專業」

我是一個老師，解答最多的問題是關於學習方面的。

但是，我偶爾也會被學生問及其他問題，比如職場、親情、愛情、友情。因此，我有時也在社群平臺上寫一些學習之外的文章，來答疑解惑。

總之，學生問的問題，能解答的我盡量解答，並且會把這些東西整理下來，分享給更多人。有時，還動筆寫身邊人（包括我自己）的愛情故事。

於是，很多人在留言裡嘲諷我，要我轉職做「情感博主」，幫他們斬斷情絲。當然，這其中多數人是善意調侃，但也有站在道德制高點上的惡語相向和人身攻擊者。

每每看到這些攻擊時，我總會默默舉起自己的小手，捏捏自己的大臉，問自己：我這樣做，到底好不好？

古羅馬哲學家愛比克泰德（Epictetus）說過一句話：「我們登上並非我們選擇的舞臺，演出並非我們選擇的劇本。」

讀到這句話時，我想通了：我給別人解答問題，並不是我主動要解答，而是有人問我；別人問什麼，我就解答什麼。

而且，我頂多算「不務專業」，絕不是「不務正業」。總不能因為我學英語專業，就只能從事英語相關的工作，不能做點別的吧？

更關鍵的是，我憑什麼要在意這些批評的聲音呢？有人願意問，我願意答；我答，人家願意聽，跟其他人有何相干？

何況，為了解答這些問題，我茶不思飯不想，閱讀了大量參考文獻，頭髮都白了好幾根。

成長，是一個不斷發現自我、創造新我的過程。

我的偶像之一，大學修讀的是土木工程，對於本科主修談不上喜歡，也談不上討厭。畢業時，他申請出國留學要考GRE，於是背井離鄉來到北京上輔導班聽課學習。結果呢？這哥們學著學著，竟然發現自己對英語和英語培訓的興趣日益月滋。

興趣產生快樂，努力產生能力。有人做著自己不喜歡的事，每天身心俱疲；而有的人則在自己熱愛的領域裡努力玩耍。

後來的他，放棄了出國留學，成為那個年代非常知名的一位英語詞彙培訓講師，當年的我也是聽著他的詞彙課程長大的。

隨著接觸的學生愈來愈多，他發現很多同學的問題除了英語學習方面，還涉及心理諮詢和職業生涯規劃領域，這顯然是土木工程和英語知識無法幫他應對的。

於是，他又在教學之餘，大量閱讀心理學方面的書籍，還順便念了心理學研究所。同時，他開始學習累積職業生涯規劃方面的知識和案例，開辦了中國第一家關於職業生涯規劃的公司，還寫了《拆掉思維裡的牆》和《你的生命有什麼可能》兩本關於職業生涯規劃的經典著作，一直暢銷至今。

這哥們「不務專業」，但做的全都是為人服務的好事，更是發現自我、創造新我的好事。

他的名字叫古典，不是藝名，也不是網名，是真名，姓古名典。他所做的事情就是跨界，他就是我們所謂的「斜槓青年」。

我身邊還有很多類似的例子。

我的好朋友、「中年滯銷書作家」李尚龍讀的是軍校和坦克相關的資訊工程專業，他卻「不務專業」，成了出色的英語老師、作家和導演。

我的一名學生，本科主修是焊接，但他「不務專業」，對主持感興趣。大學期間，他不僅是校內大學生藝術團的主持人，還在假期兼職做婚禮主持。現在，他是中國傳媒大學播音主持學系的研究生，完成了從「非科班出身」到「專業」的華麗轉身。

所以，「不務專業」不僅沒有錯，而且還值得鼓勵。如果親愛的你，在掌握專業技能之餘，還能透過「不務專業」來磨練自己另外一項技能，你就為自己未來的職場生涯創造了另一種可能。

說不定未來的某一天，我從事英語教學的同時，也成為一名職場教練、情感專家、作家，甚至作為一個吃貨，我開一家小館子，專門做自己喜歡的菜免費給有緣的人吃。

人活在這個世界上，重要的不是你學什麼專業、從事什麼職業、開創什麼事業，重要的是你是否在做一件內心渴望的益事。

如果這件事沒有危害到社會和他人，就是無可厚非的；如果這件事還能為社會和他人多少帶來一些好處，那就放手去做，何必在意別人怎麼評價呢？夏蟲不可語冰，和那些與你認知層次不同的人辯論，純粹是在浪費時間。

當然，有些時候，批評的雜訊無可避免。那些站在道德制高點上指責他人的人，暴露的是自己的無知無趣，與其跟他們爭論，倒不如「夾起尾巴做人，埋下頭去讀書」。

「夾起尾巴」，**不爭，反而能爭取到更多安靜的時間**；「埋下頭去讀書」，讀各種你感興趣的、「不務專業」的書，打開專業之外通往新世界的大門。

所以，在你做好專業事務之餘，「不務專業」的事，一定要多做。不要讓所謂的「專業」限制了你生命的更多可能。

12

所有的成長，都來自舒適圈之外

一

我的一個朋友，在一家實體教育公司當培訓老師。

當年我們是在一次培訓會議上相識的，我和他坐同桌。同為新老師，我聽完他講的課情不自禁地讚歎：「講得真棒！」

那次培訓結束時，他在新教師授課擂臺賽上激情飛揚的講解不時贏得陣陣歡呼，最後他拔得頭籌，成為冠軍。

至今，我依然清晰地記得他站在領獎臺上接受臺下觀眾歡呼和掌聲時的自信和自豪。

那時的他，風光無限，令人羨慕。

幾年過去了，我和他不在同一座城市，許久沒見，對他的情況自然知之甚少。

機緣巧合下，我們在一次酒局上又相遇了。一堆人推杯換盞，言談歡笑之間，我發現只有他悶悶不樂，不時感歎自己的境遇。

那天酒局的後半場，他一杯接著一杯地跟每個人喝，最後終於喝掛了。

從他清醒時隻言片語的描述和醉酒後的胡亂傾訴中，我看到了一個青年身上的「中年危機」。

很多培訓機構的薪酬，是以課時來計，再加上學生打分的獎金，也就是說，月薪＝鐘點費×當月課時＋獎金。待遇好點的機構，還有部分底薪。每月扣除五險一金（社會福利保險的俗稱）後，就是他拿到手的可支配薪資。

客觀來看，這個模式雖然不是最優，但也沒有太大問題，既能鼓勵老師授好課（發獎金），也能激勵老師多上課來增加課時。

你或許要問：這不是挺好的嗎？他講好課、多講課、多賺錢，還有什麼好發愁的呢？

如果你以為「只要勤奮工作就能多賺錢」、「只要能賺錢，別的都不重要」的話，你距離完蛋就只是時間問題了。因為時代在變，而你若不肯改變，就只能坐等被超越、被淘汰了。

起初的他，為了多賺錢，請求教務把自己的時間排滿，到了週末和寒暑假，基本上是每天八到十小時。

即便你沒有講過課，也應該聽過課，可以想像一下每天講完八小時高強度的課程後，會不會累，還能有多少精力來提升自己。

就像一則傳聞所描述的一樣：有些培訓機構把女老師當男的使，把男老師當牲口使。

幾年下來，他長期處於健康不佳的生活狀態，身體愈來愈虛；因為經常不能按時吃飯和吃飯時狼吞虎嚥，他還得了胃病。

錢是攢了點，但也都是血汗錢。當然，也沒少給醫院做貢獻。更嚴重的是，每天講完課，他回家就不再有說話的欲望，因為白天已經講了太多太多話。慢慢地，他和同居的女朋友之間就僅限於隻言片語的交流，以及偶爾低品質的身體接觸。

他那天喝酒時眼眶濕潤地說，自己的女朋友也是個懂事、心疼他的女孩，雖然偶爾大手大腳花錢，但也經常會心疼他賺錢不容易。

情侶間，沒有深層次的靈魂交流，也缺少高品質的身體交流，兩個人的短暫相處就慢慢變成了四顧無言的沉默，這是個危險的信號。久而久之，隔閡產生了，他們之間開始頻繁爭吵。

有一次，跟女朋友吵完架，第二天他拖著疲倦的身體和心靈去上課。跟女朋友吵架的火氣還沒消，結果上課時，不僅課沒講好，還一時情緒失控，辱罵了一個不好好聽課的學生。

雖然事後，他向那位學生道了歉，但對方就是不依不饒，一直投訴，不僅要求換老師，還索求精神賠償。

機構為了聲譽，息事寧人，罰了他所教的這個班的全部課酬。雖然罰金不多，也就幾萬塊，但這件事對他打擊很大，他說那段時間感覺特別丟人，見到同事都躲著走。

再後來，他跟同居的女友也在痛苦無奈中選擇了分手。

喝完酒幾天後，他給我發來了訊息，說自己想離開現在的機構，換個環境重新開始，聽說線上教育是未來發展的大趨勢，想到我工作的公司應聘。

我又想起了幾年前他在新教師培訓擂臺賽上的風采，覺得幾年過去了，他一定更厲害了。於是，就請他提供簡歷給我，然後轉給人資同事安排試講。

試講進行到一半時，我大感震驚，他講的內容聽上去是如此熟悉，恍惚中，我彷彿回到了幾年前初次見面的時候。內容還是當年的內容，段子還是當年的段子，甚至連語調語氣也未曾有太多的改變，只是他已經不是當年的他，當年的意氣風發也蕩然無存了。

當年讓我覺得精彩絕倫的內容，如今聽起來已失了當時的感動。

那天的面試中，一個同事問他：「平時讀什麼書？一年讀幾本書。」

他支支吾吾，顧左右而言他，很明顯是在搪塞糊弄。

又一同事請他談談對線上教育的理解。他說抱歉，因為忙於授課沒有時間深入瞭解這個新的領域，但表示自己善於學習，相信能很快適應。

最終的結果，你懂的。

雖然是熟人，但出於對職業的尊重，我還是無法接納一個原地踏步的同事。

後來他發訊問我：「我在哪方面不足導致應聘失利？」

我回覆說：「或許，這幾年您的進步很大，但令人遺憾的是當天的試講中並未展現出來；另外，您也未能在回答其他提問中，展現出自己持續的學習能力以及對新興行業的獨特見解，儘管您已經在這個行業耕耘多年。」

自此之後，我們也沒怎麼再聯繫。

偶爾看到他的朋友圈，看到的又是他到各個地方上課的忙碌身影。

二

今天的這篇文字寫給他，也寫給每一位職場人士。

如果一份工作讓你收穫財富，當然很好。**但如果為了賺更多錢，不得不搭上所有時間，賠上健康、愛情和思考的自由，就請你一定要警醒，因為你占據的東西也在占據你。**

有些人，曾經確實很優秀，但如果不去擁抱時代的變化，只靠吃老本，被別人甩開甚至淘汰也只是時間問題。

我至今都相信，我的這位朋友不是不聰明，他一定也想要改變，只是人的天性會讓我們在無意識中選擇待在自己的舒適圈；但我們應該知道，所有成長的可能都來自舒適圈之外。

在你的能力和理想匹配之前，一切舒適圈都是絆腳石。

對待一份職業，我們當然要心存敬畏，但如果你在剛進入一家公司時，就希望這家公司直接和你簽一份終生合約，或者在進入某個行業時就立志一生都要做這行，那麼你成長的路就愈走愈窄。如果將來這個行業消失，你的人生也就走進了死胡同。

深耕某個行業，但不深囿其中，繼續嘗試學習其他領域的知識，保持時刻離開的能力。

即便你說某些行業永遠不會消失，比如醫生、教師，你在深耕這個行業的同時，也別忘記去嘗試其他領域的可能，涉獵其他領域的知識或許會為你打開新的大門。

我的一位兄長是外科醫生，他的本科碩博士教育都是在北京大學醫學部完成的，還是哈佛大學醫學院的博士後研究員，但我們聚會聊天時，他最喜歡從心理學的角度分析病人的心態，並和大家分享他與病人溝通時的趣事；心理學知識的助力讓他成了更好的醫生。

即便是教師這個行業，也不再只是教授知識那麼簡單，優秀的教師需要涉獵溝通、管理、演講、心理學甚至表演學方面的知識，為方寸講臺增添精彩；當然，也有老師轉型成為作家的。很多企業家，比如「馬雲爸爸」，最初的職業也是教師。

在未來的世界，行動網際網路帶來的全球化浪潮會徹底地改變很多行業；中國人口紅利的消失，從「中國製造」變為「中國創造」，也就是從「made in China」變成「made for China」。

改變愈來愈快，成功和失敗都會來得更快。你不懂得終身學習、不願嘗試跨界學習，如何去面對未來紛繁多變的世界呢？

有智慧的人，懂得在確定的生活和工作中調配出適當的「不確定性」，這樣的人既可以選擇享受安居樂業的穩定，也可以選擇仗劍走天涯的瀟灑。

13

你很年輕，心卻早早老了

這次的話題展開前，先跟大家分享一下，我與一位「大齡」單身女士之間關於「焦慮」的討論。

她說：「老師，我由於上學晚，還有第一次聯考後重讀一年，導致二十三歲時才讀大三。」

我說：「讀大學晚，不是問題，問題在於你的大學讀得怎麼樣，有沒有磨練自己的職場技能，有沒有拓展高品質的社交圈子。」

她說：「我資質平平，好多想做的事，都沒做好。本來沒想過考研究所，但機緣巧合，聽了某『純潔彥祖』老師的課，便立志考研究所並且動力滿滿。」

我說：「這不是挺好的嗎？你終於有目標

了。」

她接著說：「但一想到自己考研究所時都已經二十四歲，研究所畢業都要二十七歲了；總擔心自己在二十七歲的『高齡』畢業，沒有競爭力，還有點擔心自己會嫁不出去。」

我問：「你如果不讀研究所，二十七歲時，就一定有競爭力嗎？如果不讀研究所，二十七歲時，就一定能嫁得如意郎君嗎？」

她回覆：「哈哈，老師，你真是一針見血。謝謝老師提點，我決定專心考研究所。」

對話到這裡戛然而止，我也無法追蹤她後續的生活軌跡。但我想說：年紀，永遠不是你最大的焦慮，更不是你選擇不努力的理由。

你是否要努力，不如多思考三個問題：

今天，你就讀的大學或接受的教育，是你一直以來的夢想嗎？今天，你能過的生活，是自己一直以來想要的嗎？今天，你所處朋友圈的層次和水平，是自己一直以來嚮往的高度嗎？

如果三個問題中，你有一個、兩個或三個是「NO」（否），說明你的才華配不上自己的野心。

你唯一的選擇只有更加努力，而這跟你的年齡沒有半點關係。

一

不要讓年齡限制了你前進的腳步，「大齡」不能成為你放棄自由、追逐夢想的理由。

身為一個女孩，擔心自己的年齡漸長，喪失競爭力，有錯嗎？沒錯。畢竟「青春真好」，要不然，某老師都已經是三十多歲的人了，怎麼還天天假裝自己是二〇〇〇年出生的寶寶呢？

但年齡不是你最大的隱憂，你是否優秀、是否努力、是否有學識涵養、是否渾身都散發著青春活力，才是你更應該關注的。

很多女生，或是父母催促，或是自己擔心將來是否嫁得出去，於是開始猶豫要不要考研究所，有必要嗎？

我想說，如果嫌自己的顏值不夠高，建議賣命努力，考上研究所。這樣的話，在跟下屆學弟妹分享考研究所的經驗時，說不定有認識對象的機會。

如果你已經長得很好看（最起碼自己不擔心顏值），不愁嫁，努力讀個研究所，也不會有壞處。

很多人不缺錢，但依然努力工作；很多人身材很棒，但依然堅持鍛鍊；很多人漂亮帥氣，但依然努力學習、內外兼修……那你有什麼立場不努力？

二

二十四歲了，還在考研究所，算大齡嗎？

這些年，考研究所的人中有四〇%是非應屆畢業生，其中不乏工作好幾年，打算重新回到校園的人，他們可能二十五到二十九歲都有，甚至三十歲了還在為夢想拚搏。

如果說自己二十四歲就算年齡偏大，跟這些叔叔阿姨比起來，你還是個黃毛丫頭。

前年我教過的學生中，有一個學藝術的媽媽在哺乳期尚未結束時，就咬牙給孩子斷奶，然後拚命堅持聽課學習，並且考進了北京大學。

去年我教過的學生中，有一位在職的已婚男士，他白天工作，晚上還要先把老婆哄睡再爬起來聽課學習，最終也考上了研究所。

更早之前，還有一個四十多歲的叔叔，在二十多年沒碰英語的情況下，堅持聽課，取得了好成績，也考上了研究所。

前些天，我得知，我的考研究所學生中還有一對父子，爸爸和兒子同時考研究所，一起聽課。跟你競爭的不是只有同齡的人而已。

三

有同學說：「我還是擔心，研究生畢業時，會不會因為二十七歲或更大就比較難找工作啊？」

這種擔心，就像一個單身女孩擔心自己將來有了男朋友，他會對自己不好。有必要嗎？

你擔心研究生畢業找不到好工作，前提是你得先考上；你要是擔心男朋友對你不好，你得先有個男朋友！

何況，決定你將來能否找到理想工作的，一定不是你的年齡，而是你的能力。

當你愈來愈有魅力，自然有人關注你；當你愈來愈能幹，自然有人欣賞你；當你夠厲害時，不是你找工作，而是你選工作，甚至工作主動找上你。

當你還在想這些可有可無的破事，別人可能已經背了五十個單字、讀了半本書、學到了一項技能；你和別人的差距，不是年齡，而是行動，你說你慌不慌？

我曾經寫過一句話：當你不夠努力，連雞毛蒜皮的破事都會變成煩惱。

今天，我想說：**人生的路，如果看不清未來，就要選擇走好當下的每一步。**

我跟你一樣，**有時會迷茫，但我經常告訴自己起而行，採取行動是治癒迷茫的良藥，我可以在做事中思考，在做事中進步。**

無論你我身處什麼年紀，有事做，努力把該做的事做好，煩惱自然就會少很多。**做好了該做的，才有資格做想做的。**

第二部

他們都活成了自己喜歡的樣子

01

努力了，就是要得到結果

二十多歲的你，人生的真實寫照可能是沒錢、沒資源、沒人脈。

一個「三無」的人，要靠什麼成功？靠爸媽？靠外貌？還是靠一張嘴？

一

我的一位同學，從專科學校出發作為起點，在村裡當過兩年小學老師，去年博士畢業，現在在北京某高校當老師。也許這份工作在他人看來不是很厲害，但她說這是自己嚮往的。

聊起這段經歷時，我問：「一開始，想到過有今天的生活嗎？」

她說：「起初，我是立志在鄉下扎根，為

基礎教育奉獻一生的。」

我又問她：「為什麼要離開呢？」

她說：「窩在小地方的日子，就像憋在一口井裡，平淡得可怕！」

她還說：「夜深人靜時，我問自己無數次：『這是你想要的生活嗎？』一眼就能看透未來的人生軌跡——結婚、生子、升等、退休、然後帶孫子……」

這樣的日子有人喜歡，但不是她想要的，二十多歲就活成了六十歲的樣子。

後來的她，選擇一邊工作一邊準備考研究所。結果呢？估計你也想到了，壯烈而憂傷。

第二年，倔強的她不顧父母和七大姑八大姨的瘋狂攔阻，執意選擇辭職去考研究所。更要命的是，未婚夫全家也加入勸阻大軍，他們甚至威脅她說：「要是沒有了教師這份工作，婚事也就吹了！」

我說：「你可真夠倔的，連愛情都不要了。」

她說：「愛情？呸！敢情他跟我結婚，就是因為我是個老師，有份穩定的工作啊!?這樣的愛情，不要也罷！即便考不上，我也不想繼續窩在村裡了！」

然而，二戰考研究所的結果依然是壯烈而憂傷。在別人看來，她簡直是雞飛蛋打：不僅工作沒了，婚事也吹了；沒錢、沒資源、沒人脈，還孤苦伶仃。

二

你要知道，在這個殘酷的世界裡，很多人處於低谷時，都會遭受別人的白眼和冷嘲熱諷，甚至還有欺侮。

你更要知道，當一個人長期處於低迷狀態時，很容易迷失自我。沒有目標，沒有動力，感覺做什麼都提不起勁。

如果日子就這麼過下去，一個人也就廢掉了！

那段時間，有所謂的「好心人」勸她：「放棄吧，你可能沒那個命！」

我覺得這是世界上最惡毒、最無知的勸慰。

還有人對她說：「女生年紀大了，找工作、嫁人、生孩子都會變困難。」

還有人安慰她說：「努力了，就不用在乎結果，志在參與。」

而她說：「老娘努力了，憑什麼要我志在參與？我要的是結果！」

我問：「那你是怎樣熬過那段日子的？」

她說：「那段時間很難熬。沒臉也沒自信回家，更不好意思開口向父母要錢，何況他們本身也沒錢。好歹為了考研究所補習了兩年，腦子裡多少儲備了一些知識，我就一邊在輔導機構當老師，一邊繼續拚命考研究所。」

後來的她，三戰考研究所，終於上岸。讀研究所期間，談了新的戀愛。

再後來的她，二戰考博士班成功。攻讀博士學位期間，還意外懷孕，生了個寶寶。

三

昨天，我告訴她，我要把她的故事寫下來分享給學生和讀者。

她說：「算了，我的經歷不值得分享，畢竟比我優秀和厲害的人太多了。」

我說：「不分享也無妨，但如果讓你總結這一路走來自己最大的感受，你會說什麼？」

她想了很久，回答說：「在等待和煎熬的日子裡，我愈發知道自己到底想要什麼了。」

我想，這些道理或許只有經歷過才會感同身受。所以，寫「雞湯」的人往往是「雞湯」的最大受益者；讀「雞湯」的人，感受到的是「雞湯」的味道，不一定能吸收當中的營養。

當然，我冒著與她翻臉的風險寫下她的故事，不是為了證明考研究所是所有人往上爬的唯一通道。決定一個人的人生高度的一定不是起點，而是努力之後可以達到的終點，**而關鍵時刻的選擇，形成了你人生的轉捩點**。

我的身邊，有大學肄業，但依靠自己的天賦和刻苦成長為勵志作家的兄弟；也有自學考大學，依靠自己的持續努力，成長為知名會計師事務所合夥人的兄長；還有更多更多……他們數年如一日，朝著一個目標，默默耕耘，不問收穫。但最終他們的收穫，比我們更多。相較於那些付出了一點就要問收穫的人來說，他們更值得我們敬佩。

那麼，這篇文章我到底想說什麼？

其實，我只希望這篇文章能帶給你一些力量。

02

5/21，那個送花給我的男生

二〇一五年，在新東方兼職的我和幾位全職同事從老東家辭職，開始考蟲網的創業。

伴隨著智慧型手機的普及，行動網際網路的到來，徹底打破了時空的限制。投身線上教育的我們，用九九九元的系統班學習方案，以超高的性價比，讓很多來自二三線城市的四五線大學生享受到更優質的公平教育資源。

隨著學生群體規模愈來愈大，我也得以接觸更多學校和更多學生。他們之中，有很多同學是三本（學費較高、但非私立學校）、自學或專升本（大專升大學）的學生。因為是網路授課，見面的機會其實很少，但也不是沒有。

二〇一八年五月二十一日，我去考蟲蟲洞上班，走到大廳，看到一位同學手捧著一束鮮花，對著我微笑。我看了一眼，是個男生，然後他抱著鮮花徑直向我走來。那一刻，我僵住了，在內心思忖：「難道我曾經做出讓人誤解的舉動？」

想了一下，我鎮定地告訴自己：「應該沒有。」

大廳裡，一群人看著我們兩個大男人。只見那位男同學把鮮花放在我手裡，然後從口袋裡掏出手機，他說：「石麻麻，謝謝您！我剛剛收到了錄取通知書，想跟您分享好消息。」

我說：「鮮花是給我的？」

他說：「不是，鮮花是給我女朋友的。她也考上了，一會兒過來，我想在您的見證下，把玫瑰花送給她。」

你看，多麼有緣、多麼可愛的學生啊！帶著女朋友和鮮花來看我。我分享他的故事，更是因為我看到了他身上的改變。

他是師範學院專升本的一名藝術系學生，當年聯考滿分一百五十分的英語，他只考了十九分。你知道十九分是什麼概念嗎？就算亂猜，也不至於只猜到十九分呀！

但是他說，他當年很認真地答了一遍，然後考了十九分。在專升本時，他在朋友的推薦下開始聽我們的課程，最終專升本上岸。同時經過三次激戰，通過了四級。然後，才動了考研究所的念頭。

之後，他開始聽考研究所的英語課程。聽第一節課的時候，兩個小時的課程他花了六天的時間才完全消化吸收。儘管很難，但他沒有放棄，就這樣一節課一節課硬著頭皮啃了下來，最終英語考了五十八分（分數不算高，但對起點低的同學來說算不錯了）。

英文中有個諺語：**I am a slow walker, but I never walk backwards.**（我走得很慢，但我從不後退。）我想這句話很適合他，也分享給每一位在生活中勇往直前的 slow walker（慢行者）。

更難能可貴的是，他不僅僅自己努力，還拉著女朋友一起學習，最後，兩個人都考上了研究所。研一的暑假，他告訴我說，他在準備雅思的考試，因為學校有出國交換學生的機會，他想出國去看看外面的世界。

親愛的朋友，看到了嗎？「希望」這種東西很神奇，一旦你心中種下了「希望」的種子，即便是悄無聲息，也會慢慢蓄積起力量，甚至讓你欲罷不能。這讓我想到了電影《刺激１９９５》裡的一句臺詞：Hope is a dangerous thing. Hope can drive a man insane.（希望是個危險的東西，它讓人為之瘋狂。）

你可能想問：「難道他就沒有想放棄的時刻嗎？」我還真的特地問過他這個問題。他說，不僅想過放棄，而且想過很多次。但我在課堂上講過的一句話，幫助他堅持了下來。

今天，再次把這句話分享給你：「決定你人生高度的一定不是此刻的起點，而是賣命努力之後可以達到的終點。」

其實，大家不知道的是：這句用來激勵別人的話，更多時候也是我用來激勵自己的。

義大利經濟學家帕累托在對十九世紀英國社會各階層的財富和收益統計分析時發現：八〇%的社會財富集中在二〇%的人手裡，而八〇%的人只擁有社會財富的二〇%。這就是經濟學中的「８０／２０法則」。

其實，生活中也普遍存在著類似的「８０／２０法則」。比如，二〇%的人從正面思考問題，八〇%的人從負面思考問題；二〇%的人眼光長遠，八〇%的人只看眼前；二〇%的人只為成功找方法，八〇%的人為失敗找理由；二〇%的人今日事今日畢，八〇%的人今天事推延到明天；同樣的一件事，八〇%的人因為各種理由放棄，二〇%的人努力堅持下來，最終取得成功。

希望今天讀到這篇文字的你，透過自己的努力，跳出人生這八〇%的局限。**因為今天你不努力爭取自己想要的生活，明天你就要花費更多時間去應付你不想要的生活。**

那天是「5/21」，這個小兄弟送給我一本筆記本，內頁裡只寫了一句話：「我只是你們工作中的匆匆過客，而你們卻是我的人生轉折。」

一直以來，我認為我們做的事情都很平凡，但看到這句話的那一刻，我淚流滿面，內心迸發的自豪感，讓我深深體會到自己工作的成就感。有時，我在想：「石雷鵬，誰是你生命中的貴人？」

今天，我想明白了：**能相互成就、彼此溫暖的人，無比重要**。

03

窮不可怕，可怕的是你堅守貧窮

一個女孩在社群平臺上問我：「我是否應該放棄考研究所？」

她說，自己家裡經濟條件不好，考研究所就意味著暫時不能工作賺錢，甚至還要伸手向家裡要錢，而且想到念研究所的學費，就無比慚愧，不捨得讓父母更勞累；更怕自己考不上，努力和金錢都付之東流。

一

首先，評估一下，你到底窮不窮。

如果家裡確實窮得叮噹響，你還是要先度過生存期，才有資格談理想。因為你總不能為了自己要考研究所，就讓全家都陪你挨餓吧？

事實上，如果你能順利大學畢業，且不談

能賺多少錢，只要你不傻、不懶、沒有奢侈的物質欲望，要找到一份工作養活自己，是不難的。

獨立是成長的第一步。對窮人家的孩子而言，你要的不只是經濟獨立，更重要的是思想獨立。因為很多決定，不是父母不想幫你，而是他們有心無力幫不上。

此外，關於「學費」的擔憂，恕我直言：有時候，你說自己窮，不只是沒錢，還有資訊的閉塞。

努力考個高分，入學時，就可能有機會拿到研究所入學獎學金。有些學校雖然給的也不多，也就萬把塊錢吧，但拍腦袋想想，萬把塊錢可以吃多少餐了？

何況每個學期，如果你夠優秀，還有學年獎學金，一般學校也有幾千塊錢。再不濟，都已經是成年人了，做點兼職工作，也能養活自己吧？這年頭，假期你兼職送外賣，都能賺到上萬元。而且，如果能考上研究所，你考研究所期間的知識儲備和專業技能，也能幫你變現，例如當家教。

二

窮人家的孩子，到底是否應該堅持考研究所？我的建議是：長遠看，家裡窮，才更需要考研究所。因為一沒人脈，二沒背景，唯一可以助你擺脫困境的就是往學習這條路上走下去，這條路是相對公平的。

我就讀的高中，曾經有個學長，他在家中排行老二，上面有個姐姐，還有一對雙胞胎弟弟，而且他家境很窮困。

多窮呢？家徒四壁，是真的家徒四壁：房子是土坯房，屋裡盛水的缸都是破的。父親常年生病，身體虛弱，喪失了勞動力；母親只好一個人拚命工作維持生計。

雖然生活上這一家人是窮，但思維意識裡他們還真沒窮過。因為無論生活上多窮，他的父母始終都相信：讀書能改變命運。

他高中三年就沒回過幾次家，為什麼呢？

因為窮，在學校比家裡生活好一點，更因為他實在是太努力了。努力到什麼程度？除夕夜，他還在宿舍裡做數學題。

正因為他的努力，還因為他家窮到駭人的地步，更因為他成績出色——每次考試他都能甩開第二名一百多分，學校主任過年都把他請到家裡吃飯，鼓勵他考取清華或北大。

學校每年都提供他獎學金，還減免他姐姐弟弟的學費，同時贊助他們生活費，其實也不多：學校餐廳管飽，隨便吃。

你可能要問：學校這麼做，值得嗎？答案是：值得。

他後來成為我們縣級高中第一個考上清華大學的學生，還是當年全市狀元。而且，因為他作為領頭羊的帶動，年級第二名、第三名……都拚命地追趕，考取九八五院校（全國最好的三十所大學的象徵）的學生數量在那一年爆發。因為這一批優秀畢業生，這所高中的聲譽和生源都得到了提升。後來，省級和市級的報紙對他的事蹟進行了報導，電視臺更是以「寒門貴子」為主題連續播放了一個月的相關報導。

這個故事發生在一九九八年，兩年後我出生了（開玩笑的）。

後來他進入了清華大學，大學四年也不怎麼回家，為什麼？不僅因為窮，更因為清華大學有很多比他厲害的人，在一個高手過招的競技場上，他唯有賣命努力，才能站穩腳跟。

三

故事講完了，聽著像演義，卻是真人實事。

那個時候的他，是真窮。但真正可怕的，不是生活的貧窮，是思維意識的貧窮。

物質的窮，當然可怕，但更可怕的是有人堅守貧窮，完全不知道自己想要什麼樣的生活，不敢也不肯面對通往夢想途中的荊棘叢生。

窮人之所以窮，是因為窮人能吃生活的各種苦，唯獨吃不下讀書的苦。生活的苦，是一種消耗；讀書的苦，是一種收穫。很多人只有經歷了生活的苦，才知道原來讀書是輕鬆的，但現實殘忍之處在於：不是所有人都有後悔的機會。

一時的貧窮不可怕，可怕的是你思想上一直堅守貧窮。

04

致老白：致敬所有的創業者

一直很喜歡一句話：「決定你人生高度的一定不是你現在的起點，而是賣命努力之後可以到達的終點。」

這些年來，我時常捏著自己的臉頰反覆對自己說著這句話，在我偷懶時，在我想要放棄時。

就如我之所以還堅持寫著一些其實別人也不怎麼看的文字，除了為自己的奮鬥留下一份紀念，也想記錄身邊朋友的起點、終點和轉捩點。

一

高三時，班裡轉來一名不速之客。他姓白，我們叫他老白。

老白體形健碩，面如銀盆，說話帶有明顯的地方口音，但其他同學跟他交流起來還是沒有問題的。

他的座位就在我的身後，於是我們有了更多交流的機會，也就瞭解了他的英雄往事——他因為打架被原來的學校開除了。

那場架在他的臉上留下了深深的印記——疤痕。發生衝突的具體原因，據說是地域歧視，因為他說話帶口音，被同學集體嘲笑。他一開始忍著，後來忍無可忍，就動手了；結果被群毆的他，也把施暴者之一打到骨折。更慘的是，這件事被警察叔叔撞見了，先把他們扭送到派出所訓斥一番，再發落回學校處理，然後就被學校開除了！

他爸爸跟他聊了聊，也沒怪他，就千方百計地託關係找門路，讓他轉學了；或許，在一個全新的環境裡，可以有一個新的開始。

轉學之後的老白無比努力。當時的高中有晚自習，他就每天堅持讀書到熄燈，然後再點蠟燭讀一會兒。

除了學習成績的進步，他在新的環境裡還結交了一幫「狐朋狗友」，大家都說著不太標準的國語，吃著餐廳裡沒有半滴油的鹽水煮菜。

在上學、放學、回家三點一線式的壓抑高三生活中，日子就這樣一天天熬過，最終迎來了大學聯考。他的聯考成績不理想，不僅沒考上一本（全國重點大學）、二本（普通大學），連三本（大學校內自辦的學院）都沒有機會。

當時我和幾個朋友勸他重考，他說不是自己不想去重點大學讀書，而是目標遙不可及。高三賣命堅持一年，身邊的朋友還經常幫他，給他考古題，但他「理化生」三科依然一點都不靈光。

最終，他選擇了別的賽道——自學考試（同等學歷），自學會計專業。一來他數學不算太差，學會計自己有些自信；二是會計這個專業就業面較廣，將來餓不死；三是他如果夠努力的話，有可能用四年甚至更短的時間，拿到專科學歷。

他的夢想是：追趕我們這些所謂成績優秀者的腳步，實現彎道超車。

二

之後的幾年，我們之間的聯繫日漸稀少，不是不想聯絡，而是通訊不夠發達；在過年或假期回家時，大家還是會喝酒聚會，見面聊天。

大二時，他給我打了通電話，說：「石頭，你哥我用兩年的時間，通過了會計專業自學考試的所有科目，專科畢業證拿到手了！」

後來，我在電話裡為他找工作提了一些建議，也聊了聊我自己正在爭取保研（免試直升研究所）的事。

掛了電話後，我跟室友說：「我的一個哥們，很厲害，用兩年時間，拿下了自學考試的專科文憑。」

一位室友面無表情地笑了笑，說：「厲害嗎？聽說自考專科沒什麼含金量，這個學歷社會也不承認。」

聽到室友的評論，我默默地想了想：「也是，自考專科，有什麼值得驕傲的？」

後來老白託一個親戚的門路，進了中石油，在一個偏遠地區的加油站裡做會計。兩年後，室友畢業回家鄉的縣級中學當了老師，我保送研究所繼續讀書。

有一次喝酒時，我調侃老白：「中石油的福利待遇真好，看看你現在肥頭大耳的模樣，就是最好的證據。」

他長歎一聲：「看不到未來呀！自己的起點確實低了點，做的都是底層的工作，一線員工真是辛苦呀！」

我說：「別得了便宜還賣乖了，福利那麼好，還有什麼不滿足的？」

他喝了口酒，繼續說：「我本來也是這麼想的。一開始，我很滿足，福利好又穩定；我像個傻子一樣賣命努力，但現在卻茫然了；一想到三十年後還是在這個加油站裡做著同樣的工作，就覺得這不是我想要的生活！」

我問：「那你說說，什麼是你想要的生活呢？」他又喝了一大口酒，說：「我也不知道。」

三

兩年後的一天，正在寫畢業論文的我，接到了老白的電話，說有事求助於我。我說，好久沒聚了，正好一起喝個酒吧。

約了一個館子，我們坐下喝了幾杯啤酒，開始聊天。

這時，我才知道上次喝完酒後不久，他就從中石油辭職了。辭職後的這兩年，他和自家表哥一起去西北某個城市打拚，做某品牌麵粉的城市總代理。

聊完了這兩年的經歷，一打啤酒也喝完了。

我接著問：「哥，你找我什麼事？不會是要我幫忙去扛麵粉袋子吧？我可沒時間，論文都快煩死我了。」

他跟我乾了一杯酒，繼續說：「兄弟，慚愧呀！麵粉代理的生意，沒什麼起色！不準備做了。」

我一聽，立即開始安慰他：「哥，賠了嗎？賠了多少？賠多少都沒關係，關鍵是要振作起來，沒有過不去的關卡，你需要多少，兄弟我都支持你！」

這番話一出口，嚇得老白趕緊敬了我一杯酒，然後問：「弟呀，你有多少？」

我從口袋裡掏出隨身帶的一把錢，數了數，差不多有二千多元，拍在桌子上：「今天只帶了這麼一點，你如果還需要的話，卡裡還有幾千，等一下從提款機提了給你。」

老白一邊喝啤酒，一邊笑：「兄弟，你哥我雖然沒賺到大錢，但也沒賠錢，這次找你不是借錢，喝酒喝酒！」他接著說：「把你的學生證借我用一段時間。」

「做什麼？」

「在公家機關工作兩年，我很努力，但我找不到未來的方向；賣麵粉兩年，我也很努力，但發現這也不是我想要的生活。」

「哥，那你想要什麼樣的生活？」

「兄弟呀，我還沒想明白呢，但經歷了這些，最起碼知道了公職工作和賣麵粉都不是我想要的。最近思考了一陣子，還是想回到自己熟悉的會計行業，但我沒有會計師執照，必須考下來才有更大的空間。

「過去的這一星期，我在家裡看書，但效率太低了。所以，我就來找你，想借用你的學生證混進圖書館，才有學習氛圍；我特別喜歡那種不帶手機，在圖書館猛讀書的感覺，中午累了就趴在桌子上瞇一會兒，睡得特別香。」

我說：「哥，沒問題。學生證也是飯卡，裡面還有兩百多塊，你看你這一身肉，不如也在學校餐廳吃飯吧，就吃那種最便宜的、沒有半點油的鹽水煮菜，保證能瘦！」

「哈哈！就這麼辦！」

那天晚上，我們喝了好多酒。之後，就各自忙各自的事情。他每天早出晚歸，家變成宿舍；我每天趕著論文，同時忙著在新東方的兼職授課和尋覓畢業之後的工作。

四

後來，我研究生畢業，應聘到了北京的一所大學，當起了英語講師。老白通過了會計師執照的全部考試，任職於北京某知名會計師事務所，也是合格的審計師。

幾年後，當我告別平淡的大學教職自行創業時，老白已經成為該會計師事務所的合夥人。

那年冬日的一個夜晚，我和老白在西三環附近找了家好吃的火鍋店。

幾杯酒下肚，看著老白半頭的白髮，我說：「哥，今天這樣成功的人生，是你想要的了吧？」

老白苦笑了一下：「弟呀！這次叫你出來，就想和你說一聲，我準備創業了。」

我沒有絲毫的驚訝，因為我知道：財富自由，是很多人奮鬥的終點，但也是很多人真正的轉捩點。

因為永遠都在路上，才是創業者的心態寫照；我參與過創業，所以知道創業真的是九死一生，前路無比兇險。

我不知道老白能否創業成功、實現夢想，但我相信任何人在一段路走到最高處時，如果能有歸零的心態，重新揚起風帆朝著新的目標邁進，此生就不會虛度。

祝福老白，謹以此文，致敬所有的創業者！

05

成為更好的自己：從焊接專業、房地產銷售到中傳碩士

「他之前做焊接，大學畢業後做房地產代銷，去年考上了中國傳媒大學播音主持的碩士研究所。而且，他也聽過你的課哦！」

這是我第一次聽到別人對L同學的描述。那是兩週前，我和央視美女主持人湯蓓老師一起聽李尚龍的私房寫作課，李尚龍在講課時說了上頭那些話。

十二月二十五日聖誕夜，L同學從傳媒大學到我工作的朝陽門探班。下班後，我們找了個館子，幾瓶酒下肚，相談甚歡。

今天，給大家分享他的故事。

一、一雙舊皮鞋的記憶

L同學家的鞋櫃裡，保存著一雙鞋底磨

出洞的舊皮鞋；這雙鞋子記載著他的一段青春歲月。

由於聯考成績不理想，L同學踩線考進了某二本大學，陰差陽錯學了焊接專業，沒錯，就是那個動起來就會「刺刺刺」冒火星、特別刺眼的焊接！

焊接是一門高超的技術，高端焊接人才也是市場缺乏的，但他在焊接方面的天資、興趣和能力都不能說是「差」，而是「非常非常差」。這一點，多次重修和補考就是最有力的證明。

如果念大學時，你學的是自己不喜歡的科系，無疑是痛苦的；如果畢業後，你還要從事一輩子自己不喜歡的工作，無疑是更痛苦的。

意識到這一點，L同學經歷了無數個痛苦的不眠之夜後，確定了自己感興趣的方向——播音主持。

任何夢想落地時，都會砸出一堆問題：怎麼開始？從哪裡開始？機會在哪裡？路在何方？

他對著鏡子，審視著自己的「姿色」：除了臉大，其他先天條件都還不錯——身材、聲音、氣質都還說得過去。但播音主持需要的口才、表達能力、應變能力、知識層次如何去培養？誰來培養？實踐的舞臺在哪裡？

很多時候，我們會看著努力的別人，讚歎一番後繼續自己一成不變的生活，這樣的你如何去過自己想要的生活呢？

行動起來！既然沒有出色的起點，那就從基層的位置開始出發吧！大一的暑假，他先去服裝批發市場買了西裝、領帶、皮鞋，精心打扮後出發了，目標是哈爾濱市所有婚禮公司——能在地圖上找到的，以及在地圖上也找不到的。

二〇一四年的他很窮，搭不起計程車，只能坐公車。那時UBike還沒有普及，下了公車，他就步行一家家找，敲開人家大門後，畢恭畢敬地掏出ＵＳＢ，說：「這是我錄製的一段婚禮主持影片，貴公司如果有需要的話，可以聯繫我。不給錢，給個機會也行。拜託拜託！」

三個月後，他得到了第一次婚禮主持的機會；之後有了第二次、第三次……兩百多次涉獵紅白帖典禮、商場大促銷、午夜電臺、電視購物以及校園活動的主持機會，直至當上學校電臺播音主持、臺長，獲得主持人大賽的冠軍。

一個夏天，一雙鞋底磨出洞的皮鞋，成為生命中永恆的記憶。

你有夢想，不怕千人阻攔，就怕自己放棄。機會在哪兒？機會從來都不是別人給的，而是自己創造出來的。

二、從房地產代銷到中傳碩士

二〇一七年大學畢業後，L同學並未繼續深耕婚禮主持行業，並不是因為他不相信愛情和婚姻，而是聽說房地產代銷的年薪能達到數百萬。

可惜天不逢時，他入行後，由於政策打房限購，房市行情一落千丈。大錢是沒賺到，這份工作倒是讓他充分感受到了什麼是「忙」和「累」。

七月分入職天津某地產公司，一直到元旦，休息不超過三天；別人是「朝九晚五」，而他們是「朝九晚十／十一／十二」或者更晚。

忙點，累點，其實不可怕；可怕的是很忙但沒有成長，這叫瞎忙。

如果此刻的你發現自己也在瞎忙，不妨冷靜思考一下：這樣的日子，是你想要的嗎？

改變我們人生軌跡的可能是自己讀到的一本書，看的一部電影，遇到的一位老師，與厲害的人的一席談話；它們就像一束光，照亮黑暗中的你前行的方向，就像一把火，點燃你內心久違的激情。

L同學人生軌跡的改變，緣於一個朋友圈。

年底時，L在一個老師的朋友圈裡看到了一則「中國傳媒大學開學典禮」的分享，配的文字是：希望您能有機會來現場聽聽，而不只是看影片。

那一刻，「中傳」這兩個字讓他的心怦怦怦地跳個不停。

那個深夜，無眠的L同學看著手邊僅有的一本《播音主持藝考培訓教程》，問自己：「真的行嗎？我從小學到大學，沒有受過任何系統的培訓！」

最後還是決定，給自己一次機會，準備考研究所！考上了就繼續，考不上也沒什麼損失。

很不巧，那會兒正趕上專案開賣，白天工作真的累到爆炸，那段時間，從早上九點到晚上十一點是工作時間；白天的工作真的就可以讓人崩潰了，回來梳洗完畢就已是半夜十二點了。每次堅持不下去的時候，L就自己幻想，幻想自己有一天可以以學生的身分踏入那所學校，而不是之前的「到此一遊」，然後就感覺堅持也沒有那麼難了。

公司春節放假，同事都高高興興地回家過年，他還在公司宿舍裡，做閱讀、練翻譯。

大年初一那天，他走了三條街，一家餐廳也沒開，簡直絕望到底。那段時間，樓下超市的泡麵都被L一個人買光了。

再後來，L同學報名參加了播音主持專業的培訓課程，在第一年準備考研究所的同時，也獲得了播音主持專業的第二學位。

獲得第二學位的那一刻，他寫下了一句話：想得明白，才能做得堅決；下一個目標，準備年底MFA（藝術碩士）播音專業的研究所考試。

後來，他第一年考研究所失敗了，但第二學位的專業訓練及校外參加的專業培訓課程，幫助他完成了從「半調子」邁向「正規軍」的轉變。

再戰的他，最終考研究所上岸；英語四級未過的他，考研究所英語考六十二分。其實，很多同學進入大學後，英文水準不僅是下滑，而且是飛速下滑，所以很多同學大學四年四級都沒考過。但無論怎麼樣，四級沒過，考研究所英語能考六十二分，著實不易！

二〇一九年，作為研一新生，他還擔任了「第二十一屆齊越朗誦藝術節暨全國大學生朗誦大會」的主持人。

三、後續：一張寫滿筆記的面紙

故事分享到這裡，我想說的是：L同學的真正挑戰才剛開始，因為站在更高的平臺上，要求更高、挑戰更多、壓力更大，但同時向上提升的空間和可能性也更大了。

每個人的努力，都是為了活成自己想要的樣子。接下來分享一個小插曲。

喝酒時，我問他：「英語學得痛苦嗎？」他說：「第一節課很痛苦。」我以為是自己講得不好，就假惺惺地說：「抱歉，講得不好，讓你受累了。」他接著說：「那倒不是。第一節上課時，我在外面，講義沒帶，但轉念一想：『錢都交了，課不聽，對不起錢呀。』於是，就掏出隨身的面紙，邊聽課邊記完了課堂筆記。」

其實，在夢想遭遇惰性時，可以多想想：這個夢想對自己來說，是「想要」，還是「一定要」？如果是「想要」，可能最終什麼也得不到；如果是「一定要」，就會想盡一切辦法，創造條件去努力爭取。

上廁所時還在堅持聽課，還用面紙記筆記，容易嗎？生活不易，誰不是負重前行？

此刻凌晨一點整，北京的夜頗不寧靜，冷風在窗外呼嘯。希望你能朝著自己的光，努力成長為自己想要的樣子。

06

努力做個好人，不再費心向別人證明什麼

一

經常看到網上有人說：所謂有緣，就是前世五百次的回眸，才換來今生的一次擦肩而過；前世五百次的擦肩而過，才換來今生的一次邂逅；前世五百次的邂逅，才換來今生的相識一笑。

我一直在想，如果這種說法是正確的，我今天認識了幾十萬的學生，說明我的前世一直在做一件事：不停地回眸。

開個玩笑，我想說的是：珍惜這來之不易的緣分。當然緣分這東西，有良緣，也有孽緣。

小K聯考的那兩天，恰好來大姨媽，痛經，還趕上牙疼。結果你懂的：發揮失常，成績比平時低了將近一百分。

她家裡孩子多，爸媽都不願也無力支撐她重考。無奈中，她報了家鄉三線城市的四線大學。

小K說，感覺自己讀的不是一所正常的大學。我問：「為什麼？」

她說：「我發現一個神奇的現象，我的室友們天天打遊戲、追劇、逛街、在床上聊天，就是不念書。」

我說：「有一些大學，不能稱之為真正意義上的大學。這樣說，雖然很殘酷，但可能是客觀事實。這類學校一個突出特徵就是很多人不僅自己不學習，還不希望別人學習。」

小K說：「您說得太對了。一間宿舍，大家都不學習時，關係融洽，其樂融融；但突然之間，一個人開始發奮努力，宿舍氛圍就開始變得詭異。」

我說：「能具體點嗎？」

小K說：「當那個努力的人結束了一天的學習，晚上背著書包，從自習室或圖書館回到宿舍時，聽到的都是冷嘲熱諷。」

我說：「優秀的人相互影響，糟糕的人相互拉對方下水。」

接著，小K開始模仿她室友的語調：「哎呀，真是我們宿舍的學習榜樣呀！你可真是刻苦學習呀。」

我說：「你就是那個不合群、被孤立的人吧？」小K說：「是的，我該怎麼辦？」

我說：「宿舍只是一個你用來睡覺的地方，如果在宿舍待著，容易滋生矛盾，就多去圖書館或自習室，做自己想做的事情。室友不一定就是朋友，你無法選擇自己的室友，但你可以選擇自己的朋友，選擇自己想要的生活。」

小K說：「好的。我向學校申請了換宿舍，但學校說理由不充分，不給換。我不得不繼續面對室友的冷嘲熱諷，很難受，該怎麼辦？」

我說：「你有兩個選擇：第一，去跟她們吵一架，質問她們為什麼這麼毒舌；第二，告訴自己，努力學習不丟人。你們不是說我努力嗎？那我就賣命努力，努力過四六級，考上研究所，到時候拿著錄取通知書甩在室友的臉上，對她們說：『我就是很努力，怎麼樣？』你選哪個？」小K說：「第一個，聽起來很爽。」

我說：「你拉倒吧！室友裡要是有個脾氣火爆的人，早就一巴掌抽過來了，打一架是最簡單粗暴的選擇。但你不是個小孩子，早過了打架解決問題的年齡。況且，你哪有精力和時間去跟不相干的人吵架。畢竟，有更重要的事情等著你去做。」

小K說：「那我還是選第二個吧。」

我說：「能夠不在爛人爛事上糾纏不清時，你就成長了。事實上，當你真正經歷了千山萬水，堅持走了很遠的路，拿到了自己想要的東西時，你還會跑到室友面前去炫耀嗎？」

小K說：「應該不會吧。」

我說：「當實現逆襲時，你早已在磨練中強大；站在更高的地方時，你會有更大的格局，你會覺得曾經聽到的一切冷言冷語，都是那麼風輕雲淡。」

認知水準決定一個人的格局，而格局決定一個人的人生走向，有時候甚至決定人生的結局。

兩年後，小K不僅通過了四六級，拿了多次獎學金，還考取了北京一所九八五大學的研究所。

二

記得是四月的一天，小 K 來北京參加考研究所複試，之後，順道來看看我這個考研究所路上日日相伴但素未謀面的老師。

我們聊了幾句，一開始的生分慢慢消散了。我笑著問她：「跟室友的關係還好嗎？」

她尷尬地笑了笑：「說一點都不在意，是不可能的，畢竟是抬頭不見低頭見。」

我說：「三個女人一臺戲，一個女生宿舍，好幾個女生，好幾臺戲。」

她說：「是的，她們幾個還有自己的群，出去聚餐也從來不叫我。」

我問：「你們之間有什麼大矛盾嗎？」

她說：「沒有。因為考研究所這一年，我幾乎成了自習室的幽靈、圖書館的雕像。只在晚上睡覺時回宿舍，所以平時說話都很少，想產生矛盾，也不太可能。況且，每天回到宿舍，梳洗完之後就戴上耳機，聽聽課複習或弄點輕音樂助眠。」

我問：「不想參與室友的活動嗎？」

小K說：「不是不想參與，而是她們一起玩慣了，也不叫我。」

聽得出，也看得出，小K多少有點落寞。

我說：「室友雖然算不上特別好的朋友，但也不是敵人，她們當初也就是口無遮攔，說了一些風涼話，但也沒影響你。」

小K用她的卡姿蘭大眼睛瞪著我，突然說了一句：「感覺別人的室友，都跟一家人一樣……」

我問：「怎麼就跟一家人一樣？」

她說：「其他宿舍，好幾個外地的，每次寒暑假結束回來，都帶各種好吃的。」

我接著問：「你們宿舍呢？」

她說：「我們宿舍，都是一個城市的，大家誰也沒帶過。」

我說：「要不，你這次來北京面試完，掏點錢給室友帶點好吃的回去，或者其他小禮物也行。如果不善言辭，送點小禮物，意思意思，她們會懂得你的心意。」

那天，小 K 花錢買了點北京的小吃，帶了回去。我不知道回到宿舍的小 K 是如何破冰的，但我知道冰破了。因為我在她的朋友圈和社群平臺上看到了她曬出的畢業照、宿舍集體照、宿舍聚餐照，女孩們笑得很陽光，很開心。

再後來，小 K 跟我說，那天宿舍姐妹們一起吃離別宴的時候，她都哭了。室友說，小 K 是她們的驕傲，因為小 K 考上的學校是她們學院近幾年來考研究所錄取學校裡最好的。

她一直以為自己是那個被冷落的人，她不知道的是，她的努力和堅持，也在影響和改變著她的室友，她的室友們以她為榮。

補一句：小 K 是我二〇一七年教過的學生，那年她考上了北京理工大學的碩士，就在前兩天她買了鴨脖來道別，因為她碩士畢業後要去南京大學讀博士了。

可惜，那天我急著回家上課，就發訊跟她說了一聲：「把鴨脖留下，人見不見面，不太重要。」

然後，她就坐在我的辦公桌前，自己把鴨脖吃了。果然是我教出來的好學生，跟我一樣沒心沒肺！

三

小K同學吃完鴨脖後，給我留了張字條：「感謝彥祖老師在成長路上的陪伴，感謝你的那句話一直鼓勵著我前行——決定你人生高度的不是此刻的起點，而是賣命努力之後可以達到的終點。」

如果今天你的起點依然不高，如果今天你得到的生活不是你想要的，如果今天你所處的朋友圈的層次和水準也不是你嚮往的，請你選擇努力，努力使自己發光，就不懼怕黑暗。當你光芒四射時，你會在黑暗中照亮自己和別人。

我的好朋友王琢老師講過一句話：「**林子大了，什麼鳥都有；但鳥大了，什麼林子也都可以有。**」無論你是菜鳥還是大鳥，做更好的自己，才能飛得更高更遠。

你選擇頹廢，但沒必要去嘲諷別人的努力，因為任何為夢想努力的人，都值得尊重。

你選擇努力，但沒必要去嘲諷玩世不恭的人，因為他們還沒有被生活逼到牆角。

你喜歡法式大餐，但沒必要去嘲諷在路邊光著臂膀喝啤酒、吃燒烤的人，因為別人的快樂，你不一定懂。

你喜歡說走就走的瀟灑，但沒必要去嘲諷呆坐在家中喝酒、看書、寫字的人（像我），因為他們的閒情逸致也是一種情調。

當然，你也可能是那個被嘲諷的人，三觀不合，沒必要把對方請到你的生命中供著，這樣的糾纏，愈鬧騰愈心累。

最灑脫的結果，不是你用自己的成功狠狠打了別人的臉，而是你選擇努力做更好的自己，不再費心向別人證明什麼。

07

讀名校，不是你成長唯一的出路

這幾天，不斷收到一些同學考上目標學校研究所的好消息，其實都是一些大家耳熟能詳的學校，比如北大、清華、復旦、浙大、南大、天大、南開、吉大、武大、華中科大、廈大、北師大、北航、人大等等。

收到太多這樣的好消息的我，有點飄，有點麻木，覺得自己作為老師好厲害。除了這些，其實心裡還有很多感觸，因為他們之中，有很多普通大學的一般學生，甚至還有專科畢業的。

可以說，每個為夢想努力的人堅持到今天，無論結果如何，都不容易，都值得尊重。

這些天，也有同學與自己的第一志願擦肩而過。有人問我：非名校的研究所有必要讀嗎？非全日制研究所有必要讀嗎？

一

之前，我寫過：只要有改變的機會，就要死命抓住機會去改變，讀名校，不是你成長唯一的出路。你成為英雄時，沒有人再關心你的出處。每次分享這句話時，我總能想起我的一個朋友小秦。

他跟我都是邯鄲人，小我好幾歲，讀書時，我們都是英語系的，所以熟悉。我研究所畢業後，來到北京一所大學任教，他大學畢業那年報考了北京外國語大學的高級翻譯學院，那裡是國內培養頂級翻譯人才的地方。

可惜，他連初試都沒過，最後報考了天津工業大學。天津工業大學也是一所不錯的學校，但其英語專業和北外的高級翻譯學院相比，差距確實很大。

記得是十月的一天，我、小秦還有一個外籍教師相約在玉淵潭遊玩，我問他：「為什麼不選擇二戰？」

他說：「家裡窮，無法支撐我二戰。」

我問：「天津工大的英語專業，實力如何？」

他笑了笑，說：「和北外比相去甚遠，但既然選擇了，就沒什麼好後悔的。學術環境雖然差了點，但導師一定比我懂得多，我不放棄自己，就一定能學到東西。」

我問：「將來準備做什麼？」

他看著遠方，說：「沒想過別的，只喜歡做翻譯。所以，平時把導師交代的任務完成後，我就出來找口譯的工作。」

我問：「能賺到錢嗎？」

他說：「偶爾能賺到一點，雖然不多，但足以養活自己。但這不重要，重要的是我喜歡。」

我說：「不錯！非常清楚自己想要什麼，怎麼得到；我應該向你學習。」

他尷尬地笑了笑，說：「學長，別笑話我了，我覺得你在大學當講師，也挺令人羡慕的。」

我說：「要不等你畢業，也來大學當講師？」

他說：「沒想過，我就喜歡翻譯，想去看全世界。」

二

後來，我在大學裡繼續享受安逸，當一個普通但受學生愛戴，偶爾被學生調侃的小老師。平淡的日子在波瀾不驚中，一晃就是幾年。

二〇一九年的某天，我的社群帳號突然收到一個好友申請。我一看，是小秦，那一刻，我意識到我們好幾年都沒怎麼聯繫了。

通過了好友申請後，他就開始跟我用英文寒暄閒聊。聊著聊著，我發現驚喜重重。

一開始，小秦還恭維我，說：「學長，幾年未見，今天發現您的粉絲竟然有兩百多萬了。好厲害！好厲害！」

我說：「虛假繁榮，都是假的，有的是社群平臺給灌的粉，還有一部分是我矇騙過來的。」

他問：「怎麼矇騙過來的？」

我說：「我跟學生們開玩笑說：『關注我的粉絲專頁，考上研究所之後，都給分配對象！』然後他們就傻呼呼地關注了。」

他又問：「結果呢？」

我說：「哪有那麼多對象可分配？逗他們玩玩而已。」

小秦說：「學長，你現在真是桃李滿天下了，應該很有成就感吧？令人好羨慕！」

我說：「你現在做什麼工作？有沒有興趣投身線上教育，在這裡大展宏圖？」

他說：「目前，還沒有這樣的想法。」我問：「以後，會有嗎？」

他答：「以後也不會有。」

我問：「那你現在做什麼工作？」他說：「我只喜歡做翻譯。」

我說：「不錯。是筆譯和口譯？」他說：「主要是口譯，同步口譯。」

我心裡納悶一下，尋思這小子肯定是在吹牛。因為我自己和身邊很多同學、朋友都是學英語的，其中有很多宣稱自己能做同步，但多數是吹牛，實際上沒那個能力，也沒有機會去做真正的同步，即便偶爾有做過的，也是屈指可數的一兩次而已。

所以，我當時就想：「幾年不見，小秦浮躁了，想矇騙我。我情商這麼高，也別戳破他了吧。」於是恭維了他幾句，就結束了閒聊。

二〇一九年國慶那天，我閒來無事，翻看微信，小秦更新了朋友圈，一下子讓我震驚了。他說：「沒想到以這種方式參與了國慶七十週年的慶典，今天，有幸在央視國際頻道同步翻譯了主席的閱兵講話……」我喊了一聲「哇！」，然後從沙發上迅速起身，再仔細看配圖，是他守在同步翻譯設備前的照片，還有央視直播畫面和雙語發言稿，最後一張是他笑靨如花的大臉。

再翻看他的朋友圈，歐洲、聯合國、北京……全是國際會議的現場照片。身邊有這樣一位厲害角色，我竟然不知道。

回想起之前跟他戛然而止的聊天，還有我狹隘又可笑的臆斷，我用自己顫抖的手，拿出手機，給他發了訊息，約飯局，跟厲害人物聊天。

他第二天才回覆我，說：「最近有點兒忙，得過一陣子！」

這次我知道了，人家是真的忙。於是我說：「看你時間方便，我都行。」

三

兩個月以後，我們終於約上了，選了西單附近的一家川菜館。一起赴約的還有我的一個弟弟小明，他在香港科技大學讀碩士，主修也是同步口譯，我叫上他，結識一下同業的前輩。

幾年未見，小秦的體形豐滿了一些，而我，豐滿更多。幾年未見，小秦也蒼老了一些，而我，蒼老更多。

幾年未見，小秦已經從天津工業大學的非名校研究生成長為專業口譯員，而我，雖然相形見絀，也在網路教育的紅海中殺出一小片天地。

一時之間，無限感慨，我們三個人要了幾瓶啤酒，開始暢飲。

幾杯酒下肚，我開始拐彎抹角地盤問小秦的奮鬥歷程，一是因為我確實感慨和好奇他如何取得今天的成就，二是想為一起赴宴的弟弟未來的職業生涯增加一種可能性。

我說：「你是我們的驕傲呀！非名校畢業，但最終成了頂級的譯員，以後你就是我吹牛的資本了。如果方便的話，抽空來給我的學生做一些分享，如何？」

他問：「你的學生？大概是什麼基礎？」

我說：「基礎也不算太差，也就是四級沒過或剛過的程度。」

他笑了笑，說：「這個有點難度，分享同步口譯這個行業的知識，差距太大，而且沒有專業和持久的訓練，他們聽了，也沒什麼幫助。」

我說：「說得也是，要不不分享怎麼做同步口譯，但可以分享你的經歷。」

他說：「這個更難，因為我也沒想過做別的，只想做翻譯，所以就一直努力跟著專業的厲害人士學習，不斷訓練自己，最後就這樣了。沒什麼好分享的。」

我說：「別謙虛了，你先給我們兩個說說，你怎麼就開始做同步口譯了？更關鍵的是，怎麼就能做同步口譯了？」

他笑了笑，說：「咱們先喝一個，讓我順順往事。」

原來，小秦讀研究所期間，除了正常的專業課學習，其餘時間都花在了自己喜歡的事情上，他用做口譯賺來的錢上補習班，接受更專業的口譯訓練，考口譯證。這些年，他要嘛就是在學習提升的路上，要嘛就是在實踐技能的路上，比如做會議翻譯、陪老外旅遊，只要有機會就鍛鍊自己，賺錢多少全無所謂。

我問：「你讀的這個非名校研究所，對你之後的發展有幫助嗎？」

他說：「說有，也不算大，因為我在自己感興趣的事情上花的時間和精力更多；說沒有，也不可能，因為我的導師給我推薦了很多口譯實踐的機會，最關鍵的是讓我有幸認識了現在的老大，才有了後來接受職業訓練的機會。」

我問：「你老大是誰？」

他說：「外交部翻譯室前主任。」

我說：「確實厲害，國家隊的領隊。」

他接著說：「老先生是真厲害，他就是我夢想的高度。」

我說：「他當初沒有因為你是非名校的研究生而看不上你嗎？」

他笑了笑，說：「他有沒有，我不知道，但我確實因為這一點怕人家看不上，所以只能拚命學，死命折騰自己。其實，想想也對，你不是名校出身，還沒真本事，別人憑什麼高看你？」

我帶來的小明弟弟一直也沒怎麼說話，他一開始就說自己主要是來當聽眾的，而且我和小秦兩個沒心沒肺地聊起勁了，竟然把他給忘了。

這時，小明問了一句：「哥哥，您現在是什麼級別的口譯？」

小秦說：「聯合國和歐盟的簽約譯員，主要服務對象是聯合國、歐盟、商務部和其他組織或公司。」

小明又問：「這個譯員崗位，是老闆推薦的嗎？」

小秦說：「這個，老闆推薦也沒用，我去年成為聯合國簽約譯員時才知道，聯合國系統內懂中文的翻譯一共才八十名。」

我和小明異口同聲地說：「太強了。」

然後，我們情不自禁地舉起了酒杯，一飲而盡。

那天，我們都沒有喝多，因為多年未見，想聊的東西太多，我們分享著各自行業的狀況和發展前景，相談甚歡，一直聊到深夜川菜館打烊時才散。

四

有時，我也會有些許頹廢。雖然心中還有夢想，但現實總會有羈絆和阻礙，於是，我也經常問自己：你想做的事情，有意義嗎？能實現嗎？

每當我在奮進的路上有些許洩氣時，我會想起我的學弟小秦這些年的鍥而不捨，會想起他說「我就是喜歡做翻譯」時的堅定，會想起他從邯鄲的小縣城開始一步步走向聯合國的平臺。

前幾天，一個同學在社群平臺上@我，她羞澀地分享自己「上岸」的消息：「老師，看著您粉絲專頁上好多人都考上了名校，雖然我只考上了一所普通學校，但還是想跟您分享一下，我會繼續努力的。」

我回覆說：「有名校的頭銜，當然好，但決定你未來人生高度的一定不是你的學校，而是你清晰和偉大的目標，還有你持續的努力。」

我曾跟很多人也包括自己說：決定我們人生高度的一定不是起點，而是賣命努力之後可以達到的終點。

你年輕時總感覺，有些目標很高，高到無法觸及；有些目標很遠，實現的希望很渺茫。你別忘了，你的一生很長，目標雖然在遠方，但它不動，你可以一步步走過去，無限靠近它，這樣你才有擁抱它、親吻它的機會。

第三部

給生活做減法，給精神做加法

01

給生活做減法，給精神做加法

一

高層次的人，懂得給生活做減法。

給生活做減法，就意味著擺脫外界糾纏不清的種種，把這些時間用來陪伴自己心愛的人，以及做自己認為更有意義的事情。

以前，我看到身邊一些朋友對勵志類的名人傳記或「雞湯文」嗤之以鼻。他們說，「雞湯」沒營養，讀「雞湯」的人很 low。我就想：我可不能讀「雞湯」，不能做很 low 的人，被別人看不起。

偶然的機會，我發現自己就是個「low 人」。因為我也會有意志消沉的時候，這時，我是需要「雞湯」來「補身體」的。

你讀的書愈多，你就愈會發現：無論是科

學家、作家、政治家、企業家、教育家、軍事家，還是實力派演員或歌手，很多知名人物其實都是「雞湯」高手。

例如，企業家將企業的願景、使命、價值觀和情懷用文字凝練成企業文化，激發員工的工作熱情。

馬雲經常講一句話：**「今天很殘酷，明天更殘酷，後天很美好，但大多數人死在明天晚上。」**

你說這是不是「雞湯」？我才不管它是不是「雞湯」，反正我每次聽完，都熱血沸騰。我的一位朋友在阿里巴巴任職，他的微信簽名也是這句話。

其實，「雞湯」的最大受益者，一定是那些寫「雞湯」和傳播「雞湯」的人。因為這些別人眼中所謂的「雞湯」是他們的信念，是他們堅持下去的動力，是他們實現夢想的催化劑。

所以，要給自己的生活做減法。**你無法縫上別人的嘴，但如果你為夢想努力時已經勞累不堪，就不要再背負別人評論的壓力了。**

給自己的生活做減法，不意味著你要放棄理想和目標。相反地，是要更專注在重要的事情上。你有很多事要做，有很多追求，既要顧及這個又要考慮那個，但你的時間是有限的。

給自己的生活做減法，你要找出從長遠來看對你而言最重要的事：什麼事讓你最為看重？你窮盡一生都想完成的四到五件事又是什麼？

給自己的生活做減法，你要審視自己的追求：回顧過往，學習、工作、家庭、業餘愛好、第二職業等，哪些是你最看重的？哪些是你最喜歡的？哪些屬於你畢生追求的四到五件事之一？捨去那些與上述問題格格不入的答案。

給自己的生活做減法，你要審視自己的時間：你的一天是怎麼過的？從早晨睜開雙眼的那一刻到晚上你睡下，你的一天都做了哪些事？在大腦中列張清單，審視清單上這些事是否與你的終極目標一致。如果不一致，就趕快停止做這些雜事。重新設計你的一天，把注意力集中在你的終極目標上。

給自己的生活做減法，你要懂得簡化自己的階段性目標：如果你能力強悍，能同時打贏多場「戰爭」，當然好；但如果你能力有限，發現即便榨乾自己也不能同時應付好幾個目標，請簡化你的目標。多個目標若不能完成，還不如只設立一個目標。這樣不僅能減輕你的壓力，還會使你更容易成功。你將全部精力集中在這唯一的目標上，會加大你成功的砝碼。

給自己的生活做減法，你要學會拒絕：**拒絕是簡化生活的關鍵，不懂得拒絕，你就會背負很多自己不想、不願，也不該背負的負擔**。

給自己的生活做減法，你要預留時間給自己愛的人：你最重要的四五件事中，一定要包含和你愛的人相處，他們可能是你的配偶、孩子、父母、其他家庭成員或好朋友。花一些時間和他們一同做一件事，或是向他們敞開心扉。

二

給生活做減法的同時，也要給精神世界做加法。

讀好書，雖然是亙古不變的精神獲得養分的方式，但在今天這個知識爆炸的時代，讀紙本書早已不是知識資訊獲取的唯一途徑。

你讀不進去的時候，可以聽有聲書（在路上、在運動時），雖然聽有聲書被很多人詬病，說它不是深度閱讀，但學總比不學強。

我的觀點是：持之以恆的深度閱讀當然是最佳選項，但如果你只有三分鐘的熱度，那也要有三分鐘的收穫。

無論你是耐心讀完一本書，還是以三分鐘熱度讀或聽了一個片段，都要記住：別不捨得花時間在學習上，學習從來都是長期投資。

如果你不更新自己，只能靠山吃山，最後坐吃山空；保持學習的習慣，你才能更勝任當下的工作，同時又擁有隨時離開的能力。給自己的精神世界做加法，聊天也是個不錯的選項。

無論工作多忙，都應該花時間和人交流，尤其是業務交流。既可以是與工作相關的，也可以是閒聊。

與相關領域的厲害人士聊天，可以實現職業道路上「火箭式的提升」。我想起剛開始當老師時，自己要花幾個月才能想明白的問題，跟有三十多年教學經驗的尹延老師只聊了半個鐘頭，就悟透了。人家蹚過的河和跨過的橋，比我走過的路還要多。

我作為一個初入寫作圈子的新手，特別喜歡找各行各業的專業強者聊天。跟知名作家李尚龍、宋方金、古典、盧思浩聊天，聽他們金句頻出，我瞬間思路開闊。

跟企業界的哥們聊天，我知道了他們創業的艱辛。跟有會計師執照的會計師聊天，我拓展了自己審計和財務方面的知識。跟大學教授聊天，我愈加敬畏知識和學術。跟公司同事吃飯時閒聊幾句，我大概瞭解了他的性格，之後工作上的溝通會更順暢。

跟我媽聊幾句，我既深刻體會了傳統的農村父母的故步自封（這樣寫自己的老媽貌似不太好），也深刻感知了母親的愛。

你愈是跟強者聊天，愈會感受到差距，壓力滿滿、動力滿滿，收穫也會滿滿。你可能要問：我太平庸了，身邊也沒有強者，怎麼進入強人的圈子？

我的建議是：想進強人的圈子，你得先成為一個強人。因為比你強的人，根本沒空理你。

這樣說，很扎心，但很真實。

你也別氣急敗壞，因為我還給你準備了兩項建議。

第一，低品質的社交，不如高品質的獨處。如果無專業強人可陪你聊天，你可以讀書、聽課，與作者和課程講授者進行隔空的思想碰撞與交流。

第二，參加一些自己感興趣的社群課程、俱樂部活動、社團（可能需要你破費一下）等。這些地方，聚集著跟你有同樣目標和追求的人，志同道合的人中必然不乏優秀者。

第一項建議是儲備自己，第二項建議是拉近你和強者之間的距離，強者不在身邊，你就要主動走近強者。

02

如何對抗拖延症？

我小時候長得不算可愛，沒有懶的資本。為了博得家長的喜愛，我上學按時完成作業，回家還幫忙做家務，做農事。

長大後，覺得自己變帥了，就有了懶的資本（開個玩笑）。

當然，懶，跟生活環境、壓力和從事的職業都有點相關。

最初，我在大學工作，同時在培訓機構兼職。大學和培訓機構都不規定一定要坐在辦公室裡，日子散漫，生活壓力小，虛度光陰中，拖延症上身。

曾經的我，小事小拖，大事大拖，一度成為「大型拖拉機」。

一時拖延一時爽，一直拖延一直爽。後來

創業，轉戰競爭更激烈的行業，察覺拖延是自己最大的敵人之一。

吃過太多拖延之苦的我，今天，分享一下具體的對抗方法。這其中一部分是我的經驗之談，一部分來自於朋友和書本。

對你是否有效，我不敢保證。但如果你母胎拖延症二十多年，總還是要姑且一試，因為唯有嘗試，才有改變的可能。

一

先認識一下「拖延症」這一神奇「病症」，目的是知己知彼，百戰不殆。

心理學上講，拖延症（Procrastination）是「自我調節失敗，在能夠預料後果的情況下，仍然要把計畫好的事情往後推遲的一種行為」。

三個關鍵字：自我調節失敗、能預料後果、推遲。第一個詞是原因，第二個詞是條件，第三個詞是結果。

個人認為，所有的自我調節失敗，本質都是從「想到但沒有立即去做」開始的，這是拖延的起點。

如果想到就立即去做了，就不會有後面拖延症的中晚期和「癌變」（無法治癒）了。

因此，對抗拖延的方法，首推「只要有念頭冒出來，現在、立即、馬上去做」。

現今的科技產品，已經有助於你實現大部分「想做就立即去做」的可能。我上班選擇坐地鐵，如果有想要寫的話題、靈光一閃的句子，我會第一時間在手機上記錄下來，因為靈感有時只在一瞬間，錯過了，下次就不知道何時才會出現了。

朋友推薦給我的書，我之前選擇從網上買紙本版，可書到手時可能正好手頭有事顧不上讀書，一放就可能沒有後話了。現在，特別想看的書，我第一時間就去購買電子書閱讀，因為我知道自己有拖延的臭毛病。

心理學研究指出：如果錯過了「有想法就立即去做」的時間節點，第二次再啟動時，動力就衰減了，五天後可能就徹底提不起興趣，再往後拖，你懂的。

在這一點上，古人用更精練的語言幫我們做了總結：「一鼓作氣，再而衰，三而竭。」

有時，想立即行動，但沒有條件，怎麼辦？沒有條件就創造條件，只要你想做。

你想健身，可以立即收拾東西去健身房揮汗如雨或去公園跑步。如果客觀條件不具備，至少可以在工作或學習的間隙，在頭昏腦脹時，去樓梯間做幾個蛙跳或伏地挺身。

你想跟久未謀面的朋友吃飯，就立即打電話約一個下週的時間。如果他遠在天涯海角，來一個視訊「雲宴」或「雲喝酒」，也未嘗不可。很多想見的人，錯過了，可能就再也尋覓不到了；很多想做的事，錯過了，可能就再也沒機會了。

二

危機面前，完美主義是最大的敵人。這不是說我們不應該追求完美，也不是說我們不應該在做事情之前預留時間想清楚怎麼做，**而是說對拖延症中晚期患者而言，不完美的開始也是開始，勝過一直拖下去**，最終把事情拖掛了。

白岩松說：「毀掉一個人最好的方式，就是讓他追求完美和達到極致。」

出版方跟我約稿的當晚，我就坐在電腦前開始動筆，但寫不出自己想要的文字，因為我對自己的期待還是蠻高的，既要文字風趣幽默，又要思想深刻雋永。結果熬了兩個小時，寫出的幾行字，都不滿意，最後全刪了。

之後的一段時間，我選擇用外界的誘惑來麻醉自己。逃避的花樣，也是五花八門，有朋友找我喝酒，就欣然前往；沒人找我喝酒時，我就主動約大家喝酒。

一星期後，編輯小宋來催稿。小宋是個老實人，我也沒扯謊，就回覆說：「一個字都沒寫。」

小宋果然是個老實人，但老實人也有老實人的招。他回了一句「我明天再來催」，之後給我發了個紅包。

我恬不知恥地打開了紅包，二十五元。

第二天，小宋先發了一個紅包，我又不害臊地打開了，這次是五十元。小宋看我開了紅包，立即發了個語音：「石叔呀，實在寫不出來，可以喝點酒，這樣就有勇氣面對了。」

小宋說的當然是玩笑話，但這也點醒了我：不敢面對自己的文字，不是因為寫不出來，而是期待過高，老想著一動筆就寫出一篇驚天地、泣鬼神的文章。

那晚，我喝了好幾杯紅酒，在書桌顯眼的地方寫下一句話鼓勵自己：在危機面前，完美主義是最大的敵人。

不完美的開始也是開始，做總比不做好。**對拖延症患者而言，完成度比完美度重要。**

心情輕鬆了好多，我又喝了幾杯，啪啪啪一個勁地敲鍵盤，腦中所想，如行雲流水般傾瀉在word檔案裡。

雖然那次寫出的文字，今天讀來依舊青澀，但至少道出心中所想，接受不完美的開始，總勝過「日以繼日」的拖延。

今天，我臉皮厚多了，一直秉持一個不怕大家恥笑的信念——哪怕寫出來的東西是「一坨狗屎」，我也會把它寫完。何況有時還會發現，它並沒有想像的那麼糟糕。

後來，讀余華的《我只知道人是什麼》時，我被書中的一句話吸引：「最好的閱讀是懷著空白之心去閱讀，赤條條來去無牽掛的那種閱讀，什麼都不要帶上，這樣的閱讀會讓自己變得愈來愈寬廣，如果以先入為主的方式去閱讀，就是挑食似的閱讀，會讓自己變得狹窄起來。」

我想，寫東西也是一樣吧。懷著空白之心的嘗試，不設定目標和期待的開始，也是開始。

多數人開始的樣子都是笨拙的，但不接受不完美的開始，又如何長成自己嚮往的樣子呢？

哪怕你只有三分鐘熱度，也要有三分鐘的收穫。

學不進去的時候，就捏捏自己的大臉，告訴自己：學就比不學強，多學就比少學強，聽課就比不聽強。

拖延了很久的工作，期待太高無法推進時，就告訴自己：一口吃不成胖子，多向前走一步，距離目標就更近了一步。接受不完美的開始，和追求最終的完美，並不矛盾。一個百米冠軍的比賽，也是在槍響的那一刻啟動，從零開始，速度是逐漸提升的。

在危機面前，對拖延症患者而言，行動勝過完美，完美是最大的敵人。

三

無論如何，要設定個期限，給自己一個 deadline（最後期限）。

不知道你們是怎麼樣的，反正我知道以前的自己是個什麼德行：別說沒deadline 的情況，即便有 deadline，也會拖到 deadline 到來之前的那一刻才完成，因此品質很多時候就大打折扣了。

相信你一定有過類似的經歷：

明明有大把時間可以完成任務，偏偏等到最後一刻才動手；做一件事拖拖拉拉，不把自己玩虛脫了根本沒法開始辦正事；交論文拖到最後一分鐘才上交，感受生死時速的刺激；早早醒了，躺在床上磨磨蹭蹭好久後，才匆忙梳洗飛奔出門，生怕遲到；考試的前一天晚上，啃完了一個學期沒怎麼翻的書本，第二天頂著黑眼圈去答題。

很多人說：「是呀，我就是拖到 deadline 才行動的。母胎到現在，未嘗有變，怎麼拯救？」

首先，你需要實踐前兩項，在有deadline的前提下，想到了就立即去做，不要懼怕一個笨拙的開始。

其次，只有一個大的deadline還不夠，要把一個大的目標分解成一個個小目標，讓目標具體化、數位化、可執行。這樣，一個大目標的deadline就變成了數個小目標的deadline。

比如，你給自己設定了一個目標，一星期讀完一本書，這個deadline，可以細化成第一天讀一至三章，第二天讀四到六章……

然後就是「誘惑」自己完成，比如完成當天的任務之後，可以獎勵自己去打會兒籃球，或獎勵自己去逛街，階段性目標完成後獎勵自己去旅行。

同樣地，也可以用懲罰來逼自己，沒完成學習任務不准睡覺，不允許做自己喜歡的事情等。

也有同學問：「老師，我制訂的計畫總無法完成，時間長了就很洩氣，懷疑自己，怎麼辦？」

查閱了很多關於拖延症的文章和資料後，我想再強調一點：對拖延症中晚期患者來說，完成度比完美度更重要。

因此，如果目標太高，就應該調整。尤其不要在一開始時，就制訂幾乎無法完成的目標。

美國心理學家米哈里·契克森米哈伊在《心流》一書中寫道：能力與挑戰難度應該是相匹配的，挑戰難度太高而能力不足會讓人焦慮，而挑戰難度低於能力時，則可能無法激起興趣。

挑戰難度高於能力的科學比例，應該是一五·八七％。以學習英語為例，理想的一篇課文，應該大約八五％的內容是你熟悉的，一五％的內容（單字和語法）是你不熟悉的。

請你把上面的這段文字再讀一遍，我想提醒的是：目標不是機械性，不是一成不變的，它隨著你的能力提升在不斷加碼。

四

一邊進步，一邊鼓勵自己，進行積極的心理暗示。

戰場上，士氣低迷的軍隊往往急需一場勝利來提振士氣；拖延症中晚期患者也急需「完成一件事」來鼓勵自己。

許多年前，我就是一個徹頭徹尾的拖延症患者。後來，逼著自己改變，邁出第一步後，我就無比珍惜這種「完成事」的收穫感，然後進行積極的心理暗示，「沒有想像的那麼難」、「專注做事的感覺很爽」、「繼續努力，下次會更好」。

後來讀的書多了，才發現我是在誤打誤撞中，使用了心理學中的「慣性定律」——任何事情，只要你持續不斷地強化它，它終究會變成一種習慣。

而做事的愉悅感，就是米哈里·契克森米哈伊所說的「心流」。總結一下對抗拖延的四種方法：

1. 想到就立即去做；
2. 接受不完美的開始；

3. 設置 deadline 並將大目標拆解執行；

4. 一邊進步一邊進行積極的心理暗示。

沒有不可治癒的傷痛，沒有不可結束的沉淪。白天好好讀書做事，書中有你未知的世界；夜晚好好睡覺，夢裡有你想要的美好。

以上這些是我的一點經驗分享，每個人戰勝拖延的方法可能不同。

欲成大事者，先破心賊。你要成為更好的自己，就從改變認知開始吧！

03

如何戒掉手機的癮？

幾個星期前，我換了新手機。

伴隨新手機而來的是新鮮感、良好的用戶體驗、很美好的心情。因為新鮮，所以會在閒暇時嘗試之前沒有留意的功能。

前天晚上，我翻到了手機裡的「螢幕時間管理」。

給大家報告一下：平均每天，我在手機上花的時間有七個多小時，拿起手機的次數有一百四十多次。

一天二十四小時，除去睡眠八小時外還有十六小時，一百四十除以十六等於八點七五。也就是說，我醒著的時候平均每小時會拿起手機九次左右，大約每七分鐘拿起手機一次。

這個數據讓我仔細想想後覺得恐怖至極：

像很多手機用戶一樣，我有限的時間和專注力被切割成了碎片！

當然，頻率只能是一方面，有人可能一天只拿起一次手機，但從未放下。比如：有個朋友說，自己最近在追劇，一追就是一天，連上廁所時手機都未曾離手。

意識到自己可能存在的問題後，我開始安慰自己：「你玩手機不只是玩，工作、學習、看書時也在用手機。」

其實，每個人的行為背後都有兩個理由——一個高尚的藉口和一個真正的動機。騙別人容易，騙自己更容易，騙這個世界很難，因為「螢幕時間管理」這一功能，還詳細記錄了你每個 App 程式的使用占比。

當看到娛樂類 App 的占比最高時，我終於無法再欺騙自己了。

我又想到了我爸爸，五十歲剛出頭的他，大腦並不遲鈍，但最近在做菜時，燒糊了幾次，還燒壞了兩口鍋，只因為在燒菜的空檔看了一會兒手機。

專注力，成為這個時代最稀缺的資源。

——
事實無法逃避。我開始反思，逼問自己：「為什麼會這樣？怎麼辦？」首先，我嘗試「以毒攻毒」：放縱自己玩手機一直到淩晨兩點多，刷了很多社群平臺，以及抖音的美女、帥哥、美食、「雞湯」、話題……

最後，我問自己：「看夠了嗎？爽嗎？」我回答：「當時爽，之後是無盡的空虛。」

我又使勁捏了捏自己的大臉，質問自己：「明明有那麼多的事情想做、要做、必須做，為什麼還玩手機？」

想起之前一位考研究所學生的分享：

「手機成為我學習最大的干擾，於是卸載了手機裡一切娛樂性App，關閉了通知，但還是把持不住去看手機。在同學的建議下，我換成了老人機。最後，我把老人機裡的『貪吃蛇』遊戲打了好幾輪通關！」

如果你也是低頭族，戒不掉手機的癮，僅僅是因為手機好玩嗎？答案是：得了吧！你人性中的軟弱、懶惰、自制力差，才是根本。

《專注力協定》（*Indistractable*）這本書的作者尼爾．艾歐（Nir Eyal）認為：「驅動人（做某事）的不是趨利就是避害。我們所做的一切事情都是為了逃避痛苦，因此時間管理就是痛苦管理。」

這句話告訴我們：戒不掉手機的癮，根本不是手機的罪，是你主動尋找這些干擾，以便從眼下的痛苦中逃離。

那些讓你暫時從痛苦中逃離的選擇，像刷臉書、看抖音、發朋友圈，然後再看別人給自己按讚，等等，都是你面對空虛和痛苦時逃避的手段。

但你我都要記住的是：幾乎所有的成長都來自舒適圈之外，有些所謂的「痛苦」，是必須要面對和承擔的。

一個考研究所的同學，想要取得好成績，就不得不面對那些背了忘、忘了背的英語單字和專業課知識；一個在讀的「研究僧」，頭都快禿了，但依然要面對讓自己一籌莫展的論文；一個母胎單身的大齡青年，在寂寥時，也要面對內心偶爾泛起的春潮和苦澀；一個幾天前就開始動筆的文案寫作者，有時也要面對找不到靈感的痛苦……

選擇逃避痛苦，一時逃避一時爽，一直逃避火葬場。

二

分享幾點我改變自己的方式吧！

我的一位朋友是職場管理的高手，按照他的建議，我嘗試把要做的事情從「重要」和「緊急」兩個程度進行了排序，分別是：

1. 重要且緊急
2. 重要但不緊急
3. 緊急但不重要
4. 不緊急也不重要

第一，強制自己一定要先完成「重要且緊急」的事情。

第二，堅持做計畫，每天推進「重要但不緊急」的事情，否則就可能把「重要但不緊急」的工作拖成「重要且緊急」的程度，最後只能是疲於應付，無法得到自己最想要的結果。

第三，緊急但不重要的事情，委託他人去做或分擔。

第四，完成了重要的事情，獎勵自己去做一些不緊急也不重要但有趣的事情；如果有些事情不緊急也不重要還無趣，就讓它滾！

其實，這就是在生活、工作、學習時皆可使用到的時間管理工具「四象限法則」。感興趣的同學可以向你身邊更專業的人士請教，也可以自行在網上搜索學習。

舉個例子，之前，有同學問我：「準備考研究所時，老想打籃球，而且一打就上癮，耽誤學習，怎麼辦？」

我的建議是：「既然準備考研究所最為重要最緊急，那就先完成當天的學習任務，然後再獎勵自己去打會兒籃球。」

後來的他，為了能享受打籃球的快樂，逼著自己先達成學習目標，最後不僅考上了研究所，也沒有因為準備研究所考試失去業餘愛好。

還有人問：「我總是無法完成學習計畫或工作任務，因為注意力無法集中，怎麼辦？」

我試過的方法中，「番茄工作法」值得推薦。

以二十五或三十分鐘為一個工作單位，在這個時段內，手機關靜音並放置於視線之外。然後告訴自己在這二十五或三十分鐘內，只專心學習或工作。

二十五或三十分鐘之後，番茄鬧鐘響起，讓自己休息五分鐘，可以去倒水、上個廁所或伸個懶腰。休息五分鐘後，再進入下一個學習或工作時間單位。

嘗試了以上方法，第二天，我感覺自己對手機的依賴減輕了。

你試了之後或許會發現：不看手機專心學習或工作的一個上午，充實高效的成就感，更爽快！

也許，會有人說：「我就是死活管不住自己的手，怎麼辦？」

除了嘗試剁手外，請你捫心自問：「現在做的事情，是你發自內心想做的嗎？」

如果一個人不是發自內心想要做一件事，那麼，他就無法改變自己的人生。

04

居家學習／工作時，如何保證效率？

一

無論是學習還是工作，都需要好的環境，好的環境能創造一種莊重的儀式感。

所以，你去教室、圖書館、自習室看書時，你所處的環境能讓你迅速進入學習狀態。

上課前，老師說：「同學們好，現在開始上課。」這是一種形式上的儀式感。

這幾年，我在網上講課，每次開講前，我都會先放一段《大風車》的音樂作為上課鈴，這也是一種儀式感。而且如果你曾經聽過我講課，還會發現，喪心病狂的我不僅會播放這個鈴聲，還會拍著手，和著音樂的節拍一起唱。

反正我每次只要打了這個上課鈴，就能很快興奮起來，進而激情四射地授課。

有儀式感的學習或工作，往往伴隨著沉浸、高效和專注。

二

家和宿舍，有時不太適合學習或工作，因為很多人發現在家或宿舍根本學習／工作不進去，即使學習／工作了一會兒也是效率低下。

在家或宿舍裡，都有個東西叫「床」。只要有床存在，結果就是「要嘛你想睡床，要嘛床想睡你」。

有時候，你遠離了床，沙發替代了床，你還是擺脫不了「要嘛想睡，要嘛被睡，真正該睡時，又睡不著」的尷尬。

在家或宿舍時，還有個東西叫「手機」。只要有手機存在，結果就是「要嘛你拿起了手機，要嘛手機不知道什麼時候自己跳到了你手裡」。

有時，你放下了手機，但電腦或電視替代了手機，你還是擺脫不了「看書十分鐘，休息一小時」的尷尬。

世界多姿多彩，充斥著誘惑的同時，也讓注意力成為最稀缺的資源。很多時候，你缺的不是資訊，也不是時間，而是注意力。

三

但有時候，我們必須選擇居家或在宿舍學習（比如在新冠疫情隔離期或假期），這時又該如何確保專注和高效呢？

這幾乎是每個成年人都會面臨的挑戰。今天，我用文字來分享一下自己學到的一些方法（親身測試確實有效哦）。

建議 1：學習和工作要有儀式感

居家或在宿舍學習時，濃妝豔抹，打扮得性感妖嬈，是大可不必的。

但如果你整天都是一副邋遢的樣子，甚至好幾天也不洗頭，好不容易有個看書的心情，思考問題時，摸了一下頭，全是「髮油」……

請問，你還有心情學習或工作嗎？

你的一天怎麼過，大概一年就怎麼過。

居家學習時，首先建議你準時起床，洗臉、刷牙後，穿戴整齊。至於是否略施粉黛，那就看是否需要視頻露臉了吧。

不要穿著睡衣學習或工作。穿著睡衣確實舒服，但因為沒有「外界信號」或「參考物」的提醒，你可能很難區分自己到底是居家生活狀態，還是學習或工作狀態。

居家學習／工作時，也要像去教室上課或去公司上班一樣，換上能見外人的衣裝。

這種儀式感，會帶你進入一個學習／工作的狀態。

建議 2：創造學習或工作專屬區域

避免在休息區學習／工作，同理，也避免在學習或辦公區休息。

如果你家房間多（比如家中有書房），就把書房當作你的學習或工作場所。

早上起床後，離開臥室，穿戴整齊，進入書房，就相當於你進入教室或公司開始辦正事了。

當然，如果經濟條件有限，沒有書房，那就想辦法開闢出一塊學習或辦公區域，比如在陽臺上、廚房裡或牆角邊擺上桌椅。

如果家裡還有其他人讓你無法專心，除了直接打一架這種解決方式，還有個東西叫「降噪耳機」，你可以參考一下。

在遠離溫暖柔軟的床或沙發之類的地方學習，營造學習或辦公的專屬環境，這是儀式感的延續。

建議3：給時間打標籤——休息、吃飯、學習或工作

好的人生狀態，應該是該學時不辜負書本，該玩時不辜負青春，該吃時不辜負美食，該睡覺時不辜負床。

因此，你需要給自己的時間做規劃、排行程，在正確的時間做該做的事。

前一陣子，我在這方面就失手過。事情是這樣的，我在家時，看著看著書，突然就想在沙發上躺一小會兒，躺下來就想打開電視或手機看一小會兒，休息一下……

然後，一個上午就過去了。

無法保持專注，這是居家學習或工作最大的挑戰，但愈是有挑戰，也就愈考驗一個人。

像我這樣的笨人，唯一的聰明之處就是知道自己不僅笨，而且自制力差。但日子總要繼續，很多事無法拖延時，只能硬著頭皮去找方法。於是，我去網上搜索，並篩選了自己親測有效的方式，分享給大家。

簡單來說，就是用一些類似「番茄工作法」的時間管理方法，來區分學習／工作和休息時間。

以二十五分鐘為一個時間單位，在這二十五分鐘內，要嘛只把手機作為學習／工作的工具，要嘛就把手機調成靜音。在番茄鬧鐘響起之前，專心學習或工作。二十五分鐘後，休息五分鐘。可以伸展一下你的老腰，活動一下你的老胳膊老腿，或者響應一下「大自然的呼喚」，上個廁所。

然後進入下一個二十五分鐘的學習／工作時間單元。

中午十二點到一點可以自己做飯、吃飯、飯後休息。如果要午休，個人建議睡二十多分鐘即可。不建議午睡太久，因為一般情況下，午休時間太久就可能進入深度睡眠。睡得太香了，一個下午腦子都不靈光——就是那種你明明醒著，但還是睡著的狀態。

下午可以看書、聽課、學習或工作一直到六點或七點。下午的學習或工作結束後，如果想透氣，就戴上口罩，到外面走走，感受一下遠方春的氣息。

晚飯後，可以繼續學習或工作，也可以換上性感或「卡哇伊」的睡衣，結束學習或工作，進入居家休閒狀態。

其實，給時間排行程，依然是儀式感的延續。

建議 4：省思總結和獎勵機制

每天睡前，可以省思一下當天的學習或工作任務完成得如何，規劃一下第二天的目標。

在省思中及時調整，切斷干擾源。在不斷調整中，總能摸索出適合自己的方式，沒有誰一開始就能在居家學習或工作方面做到盡善盡美。另外，有心機的同學在家學習時，可以讓父母看到你的努力、你的改變、你的決心和你為夢想努力拚搏的樣子，說不定你爸媽一高興，直接給你發個大紅包獎勵。

雖然說我們都是具有高尚的道德品質、不易被金錢腐化的人，但偶爾享受一下庸俗的快樂，也沒什麼不好。

當然，也可能你在家學習時很努力展示給爸媽看，甚至把上面的這段話讀給爸媽聽了，他們也沒有想用金錢來「腐化」你的意思，你也不要懷疑自己是爸媽當年在菜市場買菜時贈送的。

畢竟你也老大不小了，管理好自己的學習和工作，收穫成長的快樂也是一件樂事。而且，你也可以在完成了當天的學習或工作任務後，獎勵自己去做點喜歡的事。

四

你認真對待生活，生活也不會怠慢你。

兩個孩子同時聽相同的網路課程，一個穿戴整齊，背著書包去圖書館或自習室聽課學習，另一個悠哉悠哉趴在宿舍的床上聽課；一個端坐在電腦前聽直播參與互動，一個睡眼惺松地開著幾倍速聽重播；一個認真記筆記再反覆重播，直到搞懂直播中未能聽懂的知識，一個只是聽了一遍就以為自己什麼都會了。時間長了，你會發現，注重儀式感的前者要比隨隨便便的後者優秀太多。

你不認真對待生活，就等著生活來糊弄你吧。

我想，這就是一個男人向自己心愛的女人求婚時，一定要手捧鮮花單膝下跪的原因吧。

有儀式感的人，懂得認真對待自己的每一天。因為你的每個今天，都是生命中最年輕的一天。

有儀式感的人，懂得努力把平淡的每一天都過得精緻無比。因為你的每個今天，都是生命中獨有的一天。

有儀式感的人，懂得「work hard, play hard」（努力工作，盡情玩樂）的道理。即便偶有失落，但你在回首往事時，還是能看到儀式感在生活中留下的軌跡。

如果萬事開頭難，那請你在結尾時一定要圓滿！

05

戰勝焦慮最有效的方法

一

一個考研究所的同學說，她總是懷疑自己，總覺得自己能力差，念的附設大學不好，怕在面試時被導師歧視。

因為總懷疑自己，聽課學習時就胡思亂想，無法專心。愈是懷疑自己，壓力就愈大，怕考不上、怕失敗、怕努力了還被別人笑話。

她問我怎麼辦。

我想了一下，這個問題不好回答。如果我鼓勵她「要有自信」，其實就是廢話。誰不知道自信很重要，問題是，怎麼建立自信？

沒自信時，一定不要強行說有自信。多項實驗表明：當一個人沒有實力或能力不足時，愈積極的心理暗示，反而愈會造成意想不到的失落。

既然如此，我們不妨換個思路：先暫時承認自己的不足。

有了這個前提，接下來，可以回答這位考研究所同學的疑問了。

你不是害怕自己考研究所不能上岸嗎？胡思亂想、自己嚇唬自己，是解決不了問題的。記住，解決任何問題的第一步都應該是：找出問題，認清問題。

與其懷疑自己、擔心考不上研究所，不如找到往年的專業科目、英語和實際政治議題，按照考試的要求進行模擬自測。這樣，你最起碼知道自己當下的水準和目標之間的差距有多大。

如果差距不大，你擔個什麼憂呀？

如果差距很大，那就需要搞清楚自己究竟差在哪些方面，愈詳細愈好。

比如專業課差，那就看到底是專業課哪個板塊知識薄弱，然後趕緊學，一項項攻克。

比如英語差，閱讀理解錯得多。錯得多的原因到底是字彙、句子還是解題方法？然後去背單字、理解句子，聽課學習，鞏固正確的方法。

這樣做，比盲目喊口號更有意義。雖然對自身的懷疑或不自信仍然存在，但最起碼當學習任務變得明晰時，就知道自己該做什麼了。

當你每次解決了一個小問題，取得了一些小進步時，不要忘記鼓勵自己。其實，讓自己變強的最好方式，是一邊進步，一邊進行積極的心理暗示。畢竟，決定你人生高度的一定不是起點，而是努力之後可以達到的一個個終點。

二

我當輔導老師時，習慣每節課課後給學生留作業，久而久之發現了一個詭異的現象。

如果我要求提交作業的 deadline 是一星期後，那麼最後交上作業的那些人中，很大一部分都是在最後一天晚上熬夜趕完的，而更多人則是在我要收作業的時候面面相覷，他們早就不記得還有作業這檔事了。

後來，我調整了一下策略，要求他們當天課後兩小時內必須完成，然後透過微博提交作業給我。結果，超過九〇%的人都能高品質完成。更好玩的是，他們不僅沒有因為我的殘忍逼迫而抱怨，反而表現出一副受虐的幸福感，誇我負責。

說來好笑，給他們一星期時間，還不如只給兩個小時。你看，對待缺乏自律的人，最有效的方式不是規勸，而是約束，立好規矩，執行到位。

事實上，聽網課最大的問題在於挑戰自我的這種逆人性。有好多同學聽課時，當天有事沒看直播，準備第二天補看重播，結果第二天又有事，準備第三天補一下前兩天的重播，然後就沒有然後了。

讀一本書，也是類似的窘相。三天內讀不完的書，後面再讀的概率就愈來愈小了。

讀一本書或聽一門課，就像愛一個人，從一見鍾情開始，到始亂終棄結束，都是不負責任的表現。

這樣的日子久了，就進入了「自我懷疑—自我否定—再懷疑—再否定」的迴圈。

三

有時，你告訴自己太難了，但是向上爬的路，沒有人會覺得輕鬆。如果覺得難，你可以選擇放棄考研究所、放棄努力、放棄堅持；但一旦選擇放棄，也就放棄了重新選擇的自由。

還是那句話，今天不努力爭取自己想要的生活，明天就不得不花費更多時間，去應付你不想要的生活。

你說你壓力很大，試問，哪個想考上研究所、想做成事的人沒有壓力？戰勝焦慮最有效的方法就是立即去做讓你焦慮的事情。

有時，你抱怨家裡人不贊成你的選擇，你埋怨家裡人不看好你。但話又說回來，家裡人為什麼不看好你？如果你每天一副賣命學習，不考上研究所、不做成事決不罷休的模樣，用實際行動讓家人看到你的努力和決心，即便他們不看好你，至少也會為你感動，不會扯你後腿。

另外，有些同學歲數也不小了，依然是一顆一碰就碎的玻璃心。考個研究所，還沒開始學，就天天在想「考不上怎麼辦」。

有同學說：「你說的道理我都懂，但還是控制不住自己胡思亂想的心，怎麼辦？」

我說：「以後再有這種想法，就抽打自己。輕微的物理疼痛，有助於保持大腦的清醒。抽打完之後，還要告訴自己：要拚命努力，努力了一定能考上。」

他接著問：「要是抽打完自己，還是控制不住自己怎麼辦？」我說：「那就別考了，該做什麼就做什麼去吧！」

對於勸不動的人，幹什麼還要死乞白賴地勸？光靠別人勸，有幾個人能考上研究所？有幾個人能做成事？

要嘛賣命努力，要嘛徹底放棄。

作為一個自然狀態下的人類，我自己也經常會有懶惰不想看書學習的時候，怎麼辦？除了捏自己的大臉，我還經常勸自己，學就比不學強，多學就比少學強，學不進去了就去聽書、聽課、聽演講，反正盡量不閒著。

我始終覺得，人的很多煩惱都是閒出來的。

當你不夠努力時，自然會把時間花費在各種胡思亂想上；當你不夠努力時，該想的、不該想的，都會成為煩惱。

當你榨乾自己時，哪還有時間和精力懷疑自己？

06

方向對了，努力才有意義

當老師這些年，看到過無數的學生，不是不努力，而是方向錯了。每次看到這樣的同學，我都會溫柔地說一聲：活該你那麼努力，就是不成事。

曾經有同學跟我抱怨說，自己很努力，但愈努力愈難受。因為這幾天他做一篇閱讀理解時，成功繞過了五道題之中的四個正確答案，於是心有不甘，又做了一篇，這回全錯了。現在他覺得要崩潰了，問我怎麼辦。

我說，一篇閱讀理解，如果五道題，你能固定錯四道，說明你的問題不只是詞彙，答題方法一定也是有問題的。不聽課學方法就猛做題目，就是用錯誤的方法在短時間內做大量的考題，結果只能是把錯誤的方法練得無比純熟。

如果方向錯了，一切努力都沒有了意義。

一

寫這個主題時，我想到了自己當年在高校教書的日子。那個時候，我住在學校附近，週末時，經常去大學的自習室看看書，一是有氛圍，二是讓自己盡量多接觸年輕族群，保持活力。

一天，我走進一間考研究所自習室，找了一個座位坐下準備拿出剛買的書看，結果旁邊一陣低沉的聲音傳來。我扭過頭去，看到一個同學正在雙手抱頭，口中唸唸有詞，雖然聽不清這哥們究竟在說什麼，但他專注的神情一下子吸引了我。

我走近幾步，在他旁邊的座位坐下來，發現這個小夥子正在低頭看一本考研究所的單字書，嘴中唸的正是考研究所的單字。

我仔細聽了一下，他正在背的一個單字是「abandon」，節奏是這樣的：

「abandon，放棄，abandon，放棄，abandon，放棄……」

一個單字重複十幾遍之後，再繼續下個單字。他背得如癡如醉，我聽得既如坐針氈，又哭笑不得。

大概過了五分鐘，他口乾舌燥，伸手去拿礦泉水瓶時，抬頭瞥見旁邊還坐著我這樣一個大活人，他一臉詫異。

我微笑著向他示意，說：「同學，能跟你說幾句話嗎？」他問：「你是誰？」我說：「一個老師。我覺得你的學習方法有問題，方便到走廊裡交流一下嗎？」

小夥子擦了擦眼角的眼屎，仔細看了看我，大概確認了我應該不是個騙子，不情願地說了聲「好」，然後跟著我走出了自習室。

當老師這麼多年，我養成了「多管閒事」的職業病，看到不正確的學習方法時，總忍不住要糾正一番。坐高鐵回家時，給偶遇的直銷小姐姐講英文的產品說明；坐飛機出差時，給同排座位的帶隊導遊講發音；坐計程車時，教給司機師傅簡單的英語對話。

那次，我像一位慈祥的媽媽，先告訴他，在自習室發出聲音背單字容易干擾別人，之後又細心給那位小夥分享了背單字的方法——語境記憶、字根字首記憶、結合「艾賓浩斯記憶曲線」進行重複等。

我不是吃飽了撐著沒事做，而是不忍心看著一些同學在錯誤的方向上做這麼多無謂的用功。

如果方向錯了，一切就都錯了。我們需要的不是感動自己，更不是感動上蒼，而是用正確的方法做正確的事情。

那天，我們還在社群平臺互加好友，他才知道我是一個小有名氣的老師。一年後，他考上了研究所，在微博上分享了錄取通知書給我。

二

我還認識一個女孩，她是我見過最勤奮、最努力的人。

她在一家國企上班，工作壓力不大，收入穩定，偶爾也會加班，看起來日子過得很輕鬆。但她說這樣的穩定並不是她想要的生活，她要努力學更多本領，獲得更多領域的成功，所以她把所有的業餘時間都填補利用起來。

她報名了英語口語課程，聽會計證的考試培訓，還邊準備考駕照。總之，每天下班後，你如果給她發訊息，她總是回覆：「在忙，一會兒回覆！」因為她要嘛是在去聽培訓課的路上，要嘛就是在聽課，要嘛就是在聽完課回家的路上。

如果你有機會去看她的朋友圈，一定會很受鼓舞。

當你睡了個懶覺，睜開眼看見日上三竿時，她已經在朋友圈曬出早上四點三十分起床後的打卡；當你深夜無聊刷著朋友圈玩的時候，她在朋友圈曬出了自我鼓勵的話語：「再堅持看二十頁書，夢想還是要有的，萬一實現了呢？」

她真的很刻苦，朋友圈裡你能看到她的各種打卡：坐地鐵時堅持看書；走路時也戴著耳機，要嘛聽課要嘛練聽力；沒有星期日也沒有節假日，甚至沒有時間談戀愛。

累得半死，眼皮抬不起來了，她發個朋友圈貼文，告訴自己：「又看書到一點了，但我不能睡，看完這章之後才有資格睡覺。加油！」

她看上去實在是太拚了，朋友圈裡無數人都在為她按讚，她也時常感動於自己的勤奮。

這麼努力的女孩，是不是變得愈來愈厲害了？

事實上，她一直在學英語，但在見到外國人時，還是一句話也說不出來；駕照考了五次還沒通過路考，只得重新交錢接著考；會計師執照跟她同期的學員都拿到手了，她還有一個科目沒過。

那天她又發了一個朋友圈貼文，大致意思是：為什麼自己如此努力，還是什麼都沒有得到，而別人不費吹灰之力就得到了？為什麼自己的好運氣總是遲到？

很多人留言為她加油鼓勵她堅持下去。

我也給她留了言：「當你睏得要死時還在咬牙堅持學習，究竟是在浪費時間還是在珍惜時間？」

後來她向我訴苦說，半年來她很拚但感覺很失敗，生活也搞得一團糟，每天掛著黑眼圈，額頭上頂著因熬夜長出的痘痘，常常自己感動到哭，卻依然一無所獲。

她問我怎麼辦，如果繼續這麼下去，她怕身體吃不消，但如果放棄又覺得對不起自己。

我想了一下，回覆了她三項建議：

1.當你能力強大時，你可以同時打贏兩場甚至多場戰爭；但當你能力不足時，你的選擇就大於努力，什麼都想要，最後可能就什麼都得不到。**不妨嘗試捨棄一些選擇，這不是不努力，而是讓努力更有價值，因為有結果的努力才會更持久**。

2.不要只是看起來很努力。實在堅持不下去了，發個朋友圈貼文鼓勵自己沒有錯，但每次的努力都發朋友圈實在沒必要。發朋友圈可以記錄自己的奮鬥，但不要像網路廣告商一樣天天發，你又不是要在朋友圈販賣自己的努力。

3.我的好朋友尹延老師經常說：「一味的努力遠沒有正確的方向重要。」如果你很努力，但好運始終遲到，請一定反思方法。你要學好英語口語，最好的方法不只是學，而是用；你想考到會計師執照，開始除了聽課，還要通透每一道考過的試題，雖然真正的考題不大可能原題重考，但藉由通透考過的舊試題就意味著你的知識體系搭建起來了，這時你就不會懼怕任何考題了。

自我感動是這個世界上最不值錢的東西，無論是對待愛情、工作還是生活，自我感動的努力其實是自我欺騙。你騙自己容易，但騙不了別人，結果更是誰也騙不了。

與其努力到自我感動，不如在每一天的努力開始前先找對方向，更要在每一段時間的努力之後及時反思，調整方向。

畢竟，如果方向錯了，之後的一切努力便真的沒了意義。方向對了，剩下的才是堅持；方向對了，努力才有意義。

07

你的無聊時光，用「主動式休閒」填充

你有過這種體驗嗎？

專注地做一件事，一小時不知不覺就過去了。你的精神高度集中，目標專注，煩惱都被拋諸腦後，有一種高度的興奮感。

米哈里．契克森米哈伊在《心流》中說，這樣的你就停留在「心流」時刻。

你想到了什麼？很多男生想到了打遊戲，而女生想到了逛街。

我想到的是童年時追過一部神劇——《亮劍》。劇中，雲龍兄的粗獷很對我這種略帶野性的男人的口味。看這部劇時，我連吃飯喝水都沒捨得停，甚至連廁所也捨不得去，實在憋不住了，就一路小跑去解決。很多人感歎學習無聊。那麼，問題來了：能否讓學習、工作和生活變得有趣一些，就像打遊戲、逛街和追劇一樣？

做一件事，如果能沉浸其中，那就是令人享受的。

沉浸時，你的內心感受到的是永恆、一致、愉悅、集中和直接，這些感覺都是「樂趣」的特徵。

我是一個普通得不能再普通的人，但也會邂逅這種「沉浸」的狀態。中學時，有個關係特別鐵的哥們，他家曾開過一段時間的書店。

閒暇時，我會跟他一起去幫忙顧店。雖然沒薪資，但好處是各種書都可以讀，當時我看得最多的是武俠小說。紙本書提供了閱讀的舒適感，曲折的情節勾著我一直想讀下去。當一個人沉浸其中時，書與靈魂就是合拍的。唯一的壞處，就是我看得過於投入，像一個木頭人一樣杵在那兒，書店的書被人偷走好多。

工作時，每次面對一批新生，帶著對他們的好奇心，帶著想用講授知識來獲取他們信任的挑戰來授課，在這個過程中，我偶爾也會進入沉浸、享受的模式，儘管有些課程實際上已經很熟悉了。

查閱相關資料後，我發現，可以幫助人進入「心流」狀態的活動，一般都有幾個特點：第一是目標明確、節奏單一；第二是能得到及時回饋；第三是能力與挑戰難度相匹配。

如果一件事同時具備上述三點，人在做這件事時注意力便會集中，逐漸進入心無旁騖的狀態。「心流」產生時，自我意識消失，投入感更強烈，時間感產生扭曲，只覺得時光飛逝，瞬間已過數個小時。

這樣的狀態，不論做什麼事都會成效顯著，生活本身就會變成享受。

補充一點：所謂的「能力與挑戰難度相匹配」，意思是挑戰難度太高而能力不足，會讓人焦慮（比如一個無論如何都無法通關的遊戲，或者陪女友購物但自己卡中沒錢）；而挑戰難度低於能力時，則可能無法激起興趣（比如讓你跟幼稚園寶寶打籃球比賽）。

科學研究說，這個挑戰難度大於能力的比例應該是一五．八七%，而且這個數據，是科學家類比生物大腦的神經網路實驗得出的。

簡單地說，你應該選擇做這樣一件事：大約八四．一三％你已經掌控，但還有一五．八七％的提升空間。

「興趣＝熟悉＋意外」，選擇做可駕馭（熟悉）但略帶挑戰性（意外）的事，會讓人愈做愈愉快、愈來愈喜歡、愈來愈投入。

比如說學英語。最理想的一篇課文，應該是其中大約八五％的內容是你熟悉的，一五％的內容（包括單字和語法）對你來說是新的。

學數學，每一個新知識都是建立在舊知識的基礎之上；課堂中最好有大約八五％的操作是你本來就會的，一五％是新技巧。

讀書，最理想的情況是書中大約八五％的內容讓你有親切感，另外一五％的內容改造了你的世界觀。

二

米哈里將「心流」稱為「日常生活中的最優體驗」。在該書中，作者也分享了「心流體驗」的方法。

1.把學習／工作當遊戲

學習／工作時，若能具有明確的目標，得到迅速即時的回饋，挑戰與能力相當，讓你感覺一切都在掌握中，並維持相當的專注力，當時的感受將無異於親身參與一場球賽或藝術表演。

你可以自主定義目標，創造自身成長的價值，讓學習／工作目標可量化。把大目標拆解成幾個小目標，調整任務的難度；同時，改進學習／工作的流程，找到適合自己的省時高效的方式。

比如，你要考研究所、要背單字，但自己堅持不下去。此時，你就應該重新選擇實現目標的途徑，因為不是只有背單字才算學習，選擇聽一門課也算學習，也可以達到目標。然後，再把聽課的目標拆分成幾個小目標：聽完、聽懂、掌握（自己給自己或給別人講一遍能講得清楚明白）。

再比如，改進學習／工作的流程：在效率最高、腦子最清醒時，處理最難、最不想學的科目，啃最難啃的骨頭；在效率不算太高時，學自己感興趣的科目，處理不是很頭疼的工作。

2. 創造好的生活體驗

讓主動式休閒填充你的休閒時光，生命體驗就可能大幅提升。

有人不禁要問：難道休閒的時光也需要刻意設計嗎？沒錯。除了工作，人還要有三分之一的時間用於休閒娛樂，但是很多人沒有也不知道怎麼好好利用休閒時光。這也是生活無趣的原因之一。

什麼是主動式休閒呢？就是那些需要動些腦筋、花些心思才能享受到樂趣的活動。比如下棋、看書、烹飪、打籃球、學習製作影片、畫插畫、布置房間、給自己化個精緻的妝容再精修照片發朋友圈……這些都是主動式休閒。

主動式休閒的主要特點，就是要有一些挑戰或難度，需要你一直投入精力。下棋時需要琢磨每一步棋的走法，看書時需要反思書中的道理你是否信服，做菜時要掌握每一步的火候，打籃球時是體力與技術的對抗……

人一旦陷入漫無目的的休閒，就會變得無目標可追尋、無朋友可互動；這時，你的注意力和動機便會開始消散。一旦心念分散，就容易鑽牛角尖，想一些根本無解的問題，徒增自己的焦慮。更可怕的是，你會開始不自覺地尋找可以掃除心中焦慮的外界刺激，例如看無腦的肥皂劇、縱情聲色或賭博、酗酒等。這些會帶來短暫的興奮，但長時間後，殘存的是更多鬱悶、惆悵的感覺。

無聊、無趣、無味的生活，其實都是漫無目的的結果。

改善生活品質的關鍵在於規劃日常生活，找到能夠幫你獲得有益體驗的活動，開發一些能夠讓你沉浸其中的愛好，增加這部分活動的時間。

3. 人際交往中的共同目標

如果你願意，把你規劃的主動式休閒目標分享給家人、愛人和朋友，未嘗不是一個不錯的選擇。與家人、愛人或朋友共用一個目標，收穫彼此的及時回饋，未嘗不是一個發現他們身上與眾不同之處的途徑。

寫這篇文章的前一天，我結束一天的工作回到家後，沒有再玩手機，而是下載了一個烹飪的 App，並在我媽的指導和幫助下，嘗試做了一道菜——胡蘿蔔玉米炒蝦仁。雖然趕不上飯店大廚的水準，但我樂在其中。

更關鍵的是，我選擇了「主動式休閒」，正處在更年期的我媽不僅沒有再藐視我，反而破天荒地誇了我幾句。我想，指導我做出一道好吃的菜餚，她也成就感滿滿。

所以，親愛的你，如果可能的話，與身邊的人一起，用「主動式休閒」來填充你的生活空白，進而找到自己的「心流」並獲得最優的生活體驗。

08

克服人性的弱點，從戒掉「懶癌」開始

人性是有弱點的。比如，我一直很清楚自己人性中最大的弱點，就是「懶」，其次才是「天真純潔」略帶一點點「騷氣」。

所以，前不久，當我開始讀《人性的弱點》這本書時，我想的是：透過閱讀這本書，汲取「雞湯」的營養，戒掉身上的「懶癌」。

但當我看到封面上的英文標題時，我知道我錯了。因為它的英文標題是「How to Win Friends & Influence People」，即「如何贏得朋友並影響別人」。

提高為人處世的能力，幫助讀者在社會、社交生活中遊刃有餘，才是該書的精髓所在。

一

我的社交圈子不大，但交往的摯友和「損友」中，有幾位是非常受歡迎的人。因為日常接觸得多了，所有的交往看起來都是習以為常的。然而，直到讀這本書時，我才突然意識到：每個萬里挑一的有趣靈魂，都有著一套自己的處世哲學，而且是「great minds think alike」（英雄所見略同）。

作者戴爾．卡內基在書中談到，人性中最深層的動力是「對重視的渴求」。我之前的主管就深諳此道。記得二〇一五年我剛試水溫上場講課時，雖然每次公開課講得也不怎麼樣，但主管還是真心實意地感謝我的辛勞付出，還誇讚我點燃了聽課學生買課學習的熱情。

但並不是每個人都洞悉這一點，比如半年前，一個主管當面跟我說：「別看石雷鵬你表面上看起來有些受歡迎，實際上也是很low的。」聽完，我無語地笑了笑，心裡默默說了句：「你這個混蛋！」之後，工作的熱情蕩然無存。

是呀，再好的朋友也經不起你過分的直白，因為每個人的人性深處，都強烈渴望著他人的欣賞。

相信這個道理大家都懂。可很多人就是因為覺得自己什麼都懂，反而從來不去想自己是否真的在生活中應用過。更有甚者，總是一副高傲的嘴臉，說：「我自己這麼優，憑什麼去誇別人？」

所以，親愛的你，在你與室友、朋友、同學、同事、戀人或家人相處時，是否經常發現並真誠讚美他們身上的優點呢？我相信，這個世界上，極少有那種十惡不赦，讓你根本無法發現優點的人。

二

「贏得爭論的方法只有一個，那就是避免爭論。」卡內基如是說。

很多年前，我並不明白這個道理。當時年幼的我，喜歡隨意評論、指責甚至訓斥別人；現在想來，自己真是無知、可笑。

記得剛上大學時，同住的幾個室友晚上喜歡在床上聊天，談論一些男女情愛話題和場景，令我備感苦惱。

有一次，他們談論到凌晨一點半，仍然意猶未盡。怒火中燒的我，大聲斥責他們怎麼如此下流。

結果呢？他們根本就無視我的存在，反而變本加厲，還對我進行嘲諷和打擊。當然，對於他們的嘲諷和打擊，我也沒當回事。後來，我也就習慣了，偶爾還參與一下對話。

爭論中，或許你能駁倒別人，但很多時候，對方並不會因此而改變想法。

事實上，爭論和分歧是好事，因為它可能幫助你避免犯錯。就像一句話說的那樣：「如果兩個合作夥伴總是意見一致，那麼其中一個就沒有存在的意義。」

因此，你要先學會聆聽，給別人說話的機會；再去思考對方的表述中你認可的部分，告訴他你的認可，但請對方給你一些時間去思考，並找出爭論的癥結所在。

寫到這裡，我想給戀愛中的情侶提個建議：開始戀愛時，記得定個規矩——如果你們吵架，一個人發火時，另一個人必須聽著。如果兩個人都在叫嚷，就不是溝通，而是爭吵。無論對對方多麼不滿，都應該遵守這個約定。

這樣的約定，其實也適用於其他人際交往的場合。

三

《人性的弱點》一書寫成於一九三六年，那個時候，我們還是飄浮在天空之中的一縷青煙，所以，書中所引用的多數案例，會讓出生於二十世紀末至二十一世紀初的我們深感陌生和遙遠。

久遠的年代感，使得該書讀起來沒有那麼濃郁的「時代氣息」，但這不是局限，更不是缺點。

有人不屑讀這類書。比如，當我在微博上說自己在讀這本書時，有網友說：「看書要看專業書籍，術業有專攻，不要讀一些所謂的成功學，無用的『雞湯』，浪費時間。」

這樣的評論，我覺得也不是毫無道理。但某本書對自己是否有用，總得先去讀，讀了才知道合不合自己的「胃口」。

更糟的是，生活中有的人並未真正讀完某本書，只是隨手翻了幾頁，就妄下評論：「一般般！」

我想，這可能就是很多人從未真正讀完一本經典著作的原因。經典讀不下去，可能不是因為書寫得不好，而是讀書的人「駑鈍」，理解能力有限，抑或是定力不足而已。

有時，讀書和談戀愛確有相似之處：一時興起後翻看兩頁便束之高閣，和一見鍾情後甜蜜幾日便愛理不理，都是「渣」。

寥寥數語，遠未能道盡書中所言。我邊讀邊記，寫了點雜感與大家分享，一是提醒自己學以致用，二是記錄生活的點滴，等我一百一十歲時再翻看今天的文字，或許能追尋到自己當年的青春氣息。

第四部

有的人，愛著愛著就不愛了

01

不在精神世界共同成長，就在現實世界形同陌路

一

前些日子，在微博上，一個年輕人@我好多次，我忍不住點開看了一下。

結果發現，這哥們一直在聲討我，說他的另一半聽了我的課後，要跟他分手。

看到第一句話時，我嚇壞了，沒想到自己的課居然還有如此的魔性——能夠拆散一對情侶？

於是，我去一條條閱讀他的微博，才明白事情的原委。

我某次上課時說，最好的情侶應該是思想上的門當戶對，恰好他另一半在聽。然後，另一半覺得他不夠上進，就勸他學習。

他自己雖然知道對方是為了他好，但就

是自控力太差，管不住自己，老想玩。另一半勸了好幾次，還用分手威脅了好幾次，最近這次真的把他微信刪了。

他覺得我是導火線，導致另一半要跟他分手，質問我：為什麼要這麼做？還問我他該怎麼辦。

二

我一邊笑，一邊開了一罐啤酒，給自己壓壓驚。

我捏了捏自己的小臉，開始了自問自答：「冤不冤？冤，比竇娥還冤！」

對呀，我覺得那個女孩太善良了。如果我是那個女孩，大概不會跟一個不求上進的男孩子談戀愛。

談不談戀愛，是人家的自由選擇，跟我有什麼關係？

即便她真是因為聽了我課堂上講的一些話就萌出了分手的念頭，也不能讓我對你們的分手負責。我只是分享了一個我的觀點——**情侶間思想上的門當戶對才會長久**。

你問我怎麼辦，我說以身相許，你敢接受嗎？即便我敢說，你也不能當真呀。

至於你自己該怎麼辦，是接受現實還是努力做個上進的人，這就需要你自己決定了。

三

親密關係中，如果你一直都是被拉著走的那一個，對方終究有一天會累得拉不動，那時大概就是你們關係結束的時候了。

所以，如果你有一個催著你學習進步的女朋友，你應該立即跪在地上，感謝上天把這麼好的女孩送到你身邊。

當然，你也不能只是感謝就完事了，沒有行動，你拿什麼讓人家繼續愛你呢？分享幾項建議給有著類似經歷的戀愛中人吧。

建議 1：

如果對象把你刪了，說明她真生氣了（無理取鬧除外）。

你要知道，戀愛中，女孩子當你的女朋友，是很不容易的，有時候，她不僅是在跟你談戀愛，她還扮演著你母親的角色。

你要珍惜，因為戀愛中很多女孩子都很單純，甚至傻乎乎的，她們以為只要是真愛，就能讓對方為愛改變。

但結果怎麼樣？

那些在戀愛中嘗試改變對方的人，均以失敗告終。更殘酷的是，有可能一片冰心，碎得滿地。希望和幻想愈多，失望也就愈多。

所以，如果你有個好對象，自己就別老跟小屁孩一樣，還得另一半催著、管著、逼著去學習。

很多時候，你的對象希望你優秀，不僅是為了你，也是為了你將來能讓她拿得出手呀。

如果你自己不爭氣，就別怪人家不客氣不要你了。

建議2：

如果你還想挽回，第一，想盡一切辦法把另一半追回來；第二，她聽什麼課，你就跟著一起學，每天還要跟她交流、請教問題、分享學習心得，為了愛，裝也得裝下去；第三，可以打遊戲，前提是完成了另一半安排和自己制訂的學習計畫，獎勵自己玩一會兒。

「Work hard, play hard.」要愛，要學，也可以玩。

四

一對情侶，**如果不能在精神世界裡共同成長，遲早會在現實世界裡形同陌路**。

所以，記得在你要學習時，拉一下你愛的人。

如果拉不動，別生氣，放過自己也放過對方，你會更輕鬆。同理，你想偷懶時，也想一下那個在前面等你、愛你的人。

美好的生命，是有事做，有人愛，有書讀，有問題思考，有選擇的自由。

02

刪了吧，那個「愛而不得」的人

一

有人說：「每個愛情故事的開始總是燦爛如花，而結尾卻又總是沉默如土。」

我的好朋友，一位在北京讀書的成都女孩，和前任和平分手了。前男友提分手時，就在微信上說了句：「感覺不喜歡了，咱們暫時分開吧！」

女孩回覆了一個「嗯」，之後是一夜哭泣。

就這樣，沒來得及告別，也沒有再見面，他們就分開了。

後來，承受著失戀痛苦的女孩決定考研究所。在日復一日的聽課學習和緊張備考中，慢慢地，姑娘感覺自己對這份情感釋懷了。但每次發朋友圈貼文時，前男友都會按讚，他一按讚，女孩就會想很多很多。

女孩的心情，就像原本平靜的湖面，突然掉進了一塊小石子，蕩起層層漣漪，但就是這小小的漣漪也總是要過一段時間後，才能歸於平靜。

女孩問我：「怎樣才能斬斷情絲？」

我說：「一個合格的前任，應該像死人一樣消失在對方的世界裡。」

女孩又說：「捨不得。即便刪了，心裡也忘不了，怎麼辦？」

我說：「既然選擇了分開，**即使你暫時無法刪除記憶，無論如何，也要向過去的自己做一場告別。在這樣有儀式感的告別中，你要說再見的不是他，而是過去的自己。**」

女孩聽完後，默默流淚，拿起手機，打開微信後，把手機遞給了我。

我接過手機，問：「是這個嗎？」

她默默點了點頭，我幫她按下了刪除鍵。

又過了幾天，女孩發了一個朋友圈貼文：「在我終於下定決心刪除了我和他的照片之後，覺得好後悔，我為什麼要刪除呀？我可以留著老了當個回憶。其實，照片可以留著的，自己別看就行了。」

第一條留言是在傳媒大學讀書的女孩發的，她說：「刪了吧，留著全是禍害。」

下頭是整齊劃一的留言：「刪了吧，留著全是禍害。」

有人說，經歷過感情創傷的人，都有一種切膚的體會——愛是有慣性的，明明知道已經無法挽回，但就是放不下，即便刪除了對方，還是會偷偷查看他／她的社群帳號，瞭解他／她的動態。

可是，你即便瞭解了，又能怎樣？

如果刪了，還是會想，禍害依然在，怎麼辦？沒有答案，這個問題只能交給時間了。

二

一年後，成都女孩考上了研究所，幾個朋友相約在朝陽門的悠唐吃一頓重慶火鍋，給她慶祝一下。

聚會時，那位傳媒大學的女孩也來了，對，就是留言的那位，她叫琪琪。

對於感情問題，勸別人時，總能說得頭頭是道，但事情發生在自己身上，就是另一番窘迫了。這次聚餐，我們才知道，在琪琪給成都女孩留言之後的一個星期，大學相戀四年的男友，在畢業之際與她分道揚鑣了。

分開之後的一年裡，琪琪苦不堪言。失戀的感受，經歷過的人都知道：每天都像是行屍走肉般失魂落魄。

那陣子她在工作上也總是出差錯，老闆多次找她談話，最後工作也丟了。爸媽安慰她，還拜託親戚朋友給她介紹男朋友，她統統都拒絕了。於是她沒有工作，也不想出門，每天待在家裡。

她說，心裡苦悶時，就用大吃大喝來填補空虛；半年胖了十多公斤，不護膚不化妝，看上去簡直跟鬼一樣。

一個曾經愛美愛化妝的漂亮女孩，現在卻哭著說：「沒有他，我打扮給誰看？再瘦再漂亮有什麼用？」

手機裡，與前男友的合影一張都捨不得刪，她還天天拿出來看，看著看著就哇哇大哭。

她一個人數不清走遍幾次他們曾經牽手走過的定福莊東街，還有那些牽手逛過的小店、公園、電影院。

因為太想念前男友，在分手一個月後，她大晚上一個人去了他的住處，那時就想好了，要拉下面子去求他復合，因為她受不了這樣一個人，感覺真的不能沒有他。

但敲了好半天門都沒有人開，最後還是鄰居開門出來告訴她，人家早就搬家了。

於是，琪琪拿出手機撥了他的號碼，但是系統顯示是空號。那一刻，她癱軟在地上，捂著臉哭起來。

他們在一起的第四年的春節，琪琪的新年簡訊裡就說想要嫁給他，而他回覆，將來一定會和她結婚，以及在哪兒買房子，房子如何裝修，每年去哪些地方旅行。

但是，她沒有等到畢業後的結婚，卻等到了分手。

畢業前的那段時間，他們經常吵架，而他也不像以前那樣哄她了，最後竟然莫名其妙地提出分手。剛開始她還帶著賭氣的意味，忍住沒有找他，可是一天天過去，他也沒有再來找她，她便慌了。

最後一次見到他，琪琪本以為，只要她主動一點，就能像往常一樣沒事了。可是，他還是相當決絕地說：「分手吧，分手吧，我們性格不合適。」琪琪傻在原地，看著他的背影一點一點遠去，消失在人海中。

那天的聚餐，本來是為了慶祝成都女孩考上了研究所，但一頓飯下來，所有人都沒吃幾口，因為琪琪依然沉浸在失戀的痛苦中。

人世間，有些事，巧得躲都躲不開。

飯後，大家一起走出位於四樓的火鍋店，卻在其中一層樓巧遇琪琪的前男友。那一刻，他正站在下樓的扶梯上，旁邊還跟著一個女生，他牽著那個女生的手，低頭看向女生說：「累不累？還想不想吃什麼？」

然後女生看向琪琪的前男友說：「老公，讓我想想吧！」再仔細看，才發現女生是個肚子隆起的孕婦。

聽到「老公」兩個字，琪琪邊走邊哭，繞道躲開了。

據說，那天在商場的化妝室裡，她看到鏡子裡的自己：人胖了好多，皮膚黯沉。都是因為前男友，這一年裡，她虛度每一天，工作沒了，人又胖又憔悴，只知道哭，而他……不僅結婚了，還有孩子了……

看到他寵溺那個女生的眼神，那一刻琪琪才意識到自己有多傻，為了一個不可能的人一直在自暴自棄。

也就是在那一刻，琪琪釋懷了。

那天，琪琪在自己的朋友圈發了一段話：「今後的人生，一定要做好兩件事——努力和愛自己；**不快樂就是因為你沒有好好愛自己，還常常因為別人消耗著自己**。」

三

有的人，可能終其一生都在治癒「愛而不得」的傷痛。有人是徹底刪了，也有人是刪了又放不下，於是重新加了回來。但無論刪還是不刪，自己心裡都知道：回不去了。

不是說那個曾經進入你靈魂的人，現在連朋友圈都進不去了，而是一別兩寬後，需要的是各自歡喜。

03

有的人，愛著愛著就不愛了

「不公開的戀愛，難受。」

琳子回想起兩年前結束的愛情，憂傷的眼神中，寫滿了委屈。

「剛開始時，覺得沒什麼，後來發現根本就是很在意。每次小心翼翼地約會，都好像見不得光；有次，同學說看到我和他一起去喝焦糖奶茶，我還得告訴同學說：『其實，我倆之間沒什麼。』」

久而久之，就會覺得很委屈。這就是琳子的初戀。

他們認識時，琳子讀大一。他是同科系大三的學長，兩人在一起時，沒有公開，因為他是琳子班的班主任助理。

家境不錯的琳子是個漂亮的女孩，愛笑，

笑起來會露出兩個小酒窩，還有小虎牙。每天上課前，她都會打扮一下，這樣在教學大樓裡碰到學長時，永遠都會是自己最好看的樣子。

週末時，兩人約會也是坐地鐵到距離學校很遠的商場去逛街、吃飯、看電影；也只有那個時候，兩個人才會手牽著手，像一般情侶一樣。

學長的女生緣是極好的，在他微信朋友圈的評論區，琳子總會看到一個同科系的學姐按讚，也會注意到他們之間的評論互動。雖然心裡偶爾感覺不舒服，但琳子從沒有像其他情侶那樣，查看對方的手機或要求互換密碼，登入彼此的社交帳號。

寒假時，因為是異地，兩人作息又不完全一樣，所以，有時琳子發出的訊息，他兩個小時之後才回，有時候乾脆就不回……

寒假結束後的大一下學期，他們就分開了。也不知是距離打敗了愛情，還是他們之間的愛情本身就是脆弱的。

分手時，學長說，兩年後如果兩個人還單身，就重新追回她。

琳子說了聲「好」，然後就轉身離開了，雖然心裡覺得不能接受。十幾天後，琳子還是不捨，鼓足了勇氣去找他復合，想要挽回這段感情，卻發現他和那個女生在教室外的走廊裡聊得很熱絡……

那天的琳子，很恍惚，心裡不是滋味，自己也不知道是怎麼走回宿舍的。

接下來的琳子，在宿舍裡躺了三天，沒去上課，也沒有吃東西，只喝了幾口水。室友問她怎麼了，她說失戀了；室友又問是誰，她只是搖頭流眼淚，默不作答。

三天後，琳子走出宿舍，剪掉長髮的她，看上去消瘦了一大圈。自此之後，他們就再沒有正式見過、聊過。即便是在學校的同一棟教學樓裡，琳子也總盡可能遠遠地躲著，因為這樣至少不用打照面。接下來的日子就是忙碌，琳子忙著考四六級、參加競賽、拿獎學金、參加學生社團……

忙碌的時光總是飛馳而過，轉眼之間，畢業季到了。送別畢業生的晚會上，琳子作為文藝部主要幹部登臺表演。

琳子說，那晚畢業演出結束後，她的心情五味雜陳。想想，覺得再也不會見面了，終於再也不見了。既然都過去了，就說聲再見吧！

幾天後，琳子用手機發給他一封信：

嘿，好久不見，還好嗎？

曾經你約定的兩年時間到了。

沒有刻意地記住，也沒有刻意地等，時間就到了。那時候你說：沒辦法，對不起。我說：好。

2018-03-07—2020-03-07，兩年已到。

感情好像就是隨著一次又一次的失望被銷毀，很幸運能遇見你，可如果再來一次，我不會和你交往，就只是做你的學妹。

這樣就不會有失去的感覺，也不會那麼難過。

……

「他後來戀愛了嗎？」

「沒聽說，也不想知道，分手那麼久時間，懶得打聽。」

「如果他要重新追回你，還會有結果嗎？」

「想過，但知道回不去了。」

「既然知道回不去了，為什麼還要寫那封信？」

「為那段往事，做個有儀式感的結束吧，所以最後提筆寫了點東西。」

其實，在分手後到畢業前的這段日子，琳子也嘗試過喜歡上別人，但後來都放棄了，說是因為找不到心動的感覺。

可是，那個明明讓你心動的人，為什麼愛著愛著，就不愛了？是因為愛得太卑微嗎？

一開始就不願公開的愛情，是卑微的、壓抑的。尤其是在青澀懵懂的年齡裡，戀愛中的男生女生，可能還不太會經營感情。

戀愛，有什麼不好公開的？要是覺得人家女孩配不上你，就別戀愛。戀愛還不公開的男人，要嘛是懦弱，要嘛就是心懷鬼胎，吃著碗裡的還占著鍋裡的。

真正愛你的人，不會讓你卑微地去愛；如果他愛你，恨不得讓全世界都知道。

有的人走著走著就散了，有的人愛著愛著就不愛了，倒不是因為薄情，而是世界在變，人也在變。**你愛的是過去的他，你現在也不是過去的自己。**

那怎麼辦？**玩的時候不辜負風景，愛的時候不辜負人，不愛的時候也不辜負自己。**

世界上，沒有哪種愛情需要你放棄尊嚴。愛情或許會讓你落淚，讓你嫉妒生氣，但它最後是讓你溫暖、給你安全。如果不是這樣，要嘛是愛錯了人，要嘛是用錯了方法。

如果沒有人給你想要的擁抱，那就選擇一個人先堅強起來。

有人說：錯的人遲早會走散，對的人遲早會相逢，你總是會擔心失去誰，誰又會擔心失去你呢？**珍惜所有的不期而遇，看淡所有的不辭而別，失去的都是配角，留下的才是人生。**

04

好聚好散的分手，也很殘忍

一

那天，尚龍老師、我、小宋和陽仔一起約了個酒局，就在公司的樓下，四個「男人」（三個純漢子＋一個女漢子）點了一桶啤酒，叫了肉串、薯條、炸雞腿。

陽仔是以前的同事，工作時有過交集；她離職後，我們反而一起聚得多了。

幾杯酒下肚，陽仔不禁感慨地講起自己曾經跟公司一位同事的「地下情」。

陽仔先讓我們猜跟她搞地下情的是誰，她提示了一下，「是個技術男」。

尚龍一口氣猜了五個，全都被陽仔推翻了；我知道，他猜的那些人要嘛有女朋友，要嘛有老婆孩子。

尚龍連猜不中，氣得喝起了悶酒。小宋在旁邊勸龍哥不要生氣，也陪著喝了起來。

我隨口說了男生T的名字，結果陽仔瞪大了眼睛看著我，然後一陣猛點頭，還對我豎起大拇指。

尚龍狠狠地瞪了我一眼，說：「一看就是不好好工作，天天關心未成年少女談戀愛的事。」

我哈哈大笑，說：「你少胡扯！我之所以能猜中，憑的不是運氣，也不是經驗，而是技術小哥哥裡我只跟T打過交道，而且覺得T很帥。」

尚龍喝了一口酒，問：「你們兩個怎麼分手了？」

陽仔也喝了一口酒，絲毫不帶憂傷地說：「我前一段時間，狀態特別不好，就給他發了訊息，跟他說，如果咱們這樣下去，將來結婚了，我肯定出軌。」

小宋趕緊問：「T怎麼回覆的？」陽仔說：「他說，那就分開吧。」

小宋情場經驗很豐富，他感慨了一句：「看來，他也不是很喜歡你。」陽仔的臉上，突然寫滿了淡淡的憂傷，她說：「也不知道他喜歡不喜歡我……」

小宋接著問：「誰追誰的？」陽仔說：「我倒追他的。」

尚龍問：「那為什麼到最後還是你提的分手？」

陽仔苦笑了一下，說：「不是我提的分手，是我們商量之後和平分手的，好聚好散。」

二

聽到「好聚好散」這四個字，我的思緒一下子被拉回到了好多年前。

我年少懵懂時，也經歷過感情的分分合合，可是分手時，卻都沒有所謂的「好聚好散」，而是無盡的失落，甚至撕裂般的無助感。

我問尚龍：「你分手時，有過『好聚好散』嗎？」

尚龍喝了口酒，笑了笑，說：「請問，你是在刺探我的情史嗎？」我說：「得了吧！你這個大齡男子，我關心你的情史幹嘛？」

尚龍是作家，他說：「生活是最好的劇本，大概每個深愛過某人的人，在一段感情結束時，都會經歷撕心裂肺的痛和失落吧，我當然也不例外。很多作家在經歷失戀時，在那種特別的心境下，都能寫下無比傷感而又溫暖的文字，比如盧思浩……」

尚龍準備繼續講下去時，陽仔自問自答了一句：「我怎麼就好聚好散了呢？大概，我經歷的不是愛情吧。」

我們三個男人的注意力一下又回到了陽仔身上。小宋又開始八卦起來，他問：「你說說，T是個什麼樣的人？」

陽仔喝了一口酒，說：「他是個單純、陽光、帥氣的男生，要不然我也不會主動貼上去。」

尚龍說：「說點特別的，T有什麼與眾不同？」陽仔說：「他是個『不戀不婚不育主義者』。」

「那他怎麼就跟你談起戀愛了？」我、尚龍和小宋幾乎異口同聲地問。「他不懂拒絕。」

「哦！」我們三個又異口同聲地發出了感歎。

「我比他大四歲，這是他的初戀；跟他開始的時候，他還是個處男。」小宋不失時機地問了一句：「現在呢？」

「現在，還是。」

陽仔尷尬地笑了笑，接著說：「兩個人一起出國旅遊一星期，住一個房間，他現在還是個處男。」

小宋邪惡地笑著說：「看來，你魅力不行呀？不過，說來慚愧，我年輕時，也曾經和一個女生躺在一張床上，什麼也沒有發生。後來，那個女生很生氣，寫了很長的文字罵我，說我侮辱她。」

尚龍老師說：「對呀，你這不就是侮辱人家嗎？」

小宋聳了聳肩，說：「那天，我喝多了，不是不想發生什麼，你懂的。」

陽仔說：「T是沒有那方面想法，他沒提，我也沒問。就這樣……」我說：「人家這是尊重你，沒有動手動腳，正人君子。」

「別管是正人君子，還是對我沒興趣，都結束了。以後不能跟比自己小的男生談戀愛了，什麼都得教……」陽仔說這些話時，又不禁傷感起來了。

尚龍見狀，趕緊「安慰」了一句：「最看不上你們這樣的老女人了，跟『小奶狗』談了戀愛，嚐了鮮，然後又嫌人家太嫩了。」

這句調侃的話一講完，四個人哈哈大笑起來。我覺得這個評論很高明，一方面聽著是嬉笑怒罵，一方面讓陽仔覺得自己是占了便宜，至少沒吃虧。

三

我說：「如果讓你用三個詞來總結一下這段感情，你會想到哪三個詞？」

陽仔脫口而出：「媽呀、成長、殘忍。」

尚龍問：「『媽呀』，算第一個詞嗎？」

陽仔說：「是的，『媽呀』，就是很吃驚很吃驚。」小宋接著問：「具體點，怎麼令你吃驚？」

陽仔說：「吃驚的是，別人談戀愛是為了享受戀愛，而我不是在享受戀愛，是在戀愛教學。」

我接著問：「成長，體現在哪裡？」

陽仔開始滔滔不絕：「蜀道難，難於上青天。改造男朋友，比登蜀道難太多太多了。我嘗試了，我努力了，我也成長了。暗示他很多次，女朋友要哄，要陪伴，但每天跟他聊天，就三四句話：早上好！中午該吃飯了，一起去！哇，好強啊！晚安，早點睡！」

小宋深情款款又賤兮兮地總結了一句：「戀愛中，很多人都嘗試過改變對方，結果呢？」

尚龍說：「結果就是沒有結果了。」

我假裝文藝地說：「生活只有一種英雄主義，那就是在認清生活真相之後依然熱愛生活。」

陽仔說：「羅曼．羅蘭說的，認清了生活的真相，我成長了。」尚龍接著問：「為什麼第三個詞是『殘忍』？」

陽仔沉默了許久，說：「好聚好散的愛情，是真的殘忍。」結果，大家都不說話了。

陽仔繼續說：「老娘我雖然年紀大了點，但還是有顆少女心的。別人覺得好聚好散是最好的結束，但我的好聚好散，是根本沒愛過，開始得平淡，進行得平淡，結束得平淡。談了一場跟沒有談一樣的戀愛，難道這不殘忍嗎？」

沉默了好久，尚龍舉起酒杯說：「來，乾一杯，為成長和殘忍。」「來！喝一個，喝一個！」

四

無論愛是激烈還是平淡，我想每個用心愛過的人，應該都不想分手吧。雖然嘴上說「分手了要好聚好散」，但散了之後就不再有愛情，誰都不願意接受。所謂的好聚好散，很多時候都是自欺欺人。

有的人，明明深愛，最後還是選擇分手，而且是毫無徵兆地分手。或許這樣的突然結束，無法做到好聚好散。

很多人說，好聚好散的分手，總比撕心裂肺的傷痛好些，但你不是當事人，又怎能感受到箇中的無奈和殘忍呢？

一個人，只有內心溫暖，才能說出暖心的話，寫出暖心的文字。一個人，即便經歷了愛情的殘忍，也不妨在獨身一人時，好好愛自己。因為當你自暴自棄時，美好的愛情，只會離你愈來愈遠。

後來，聽說陽仔在創業，她做過網際網路公司的產品經理，現在專注做自己感興趣的商品——少兒品格養成類教育產品。於是，我們又讓她來聊聊自己的商品。還是在那天的酒吧，看著她興致勃勃、滔滔不絕地介紹自己的「寶貝」，我感覺她更加彪悍勇猛了！而且，她自豪地宣布，自己可能要開始一段新的感情了，對方大她幾歲，成熟穩重，思想上更門當戶對了。

有事做，有人愛，很專注，應該算不錯的生活狀態。有人愛時，好好愛；沒人愛時，好好愛自己，肯定不會錯。

05

感情的結，怎麼解？

一

前一段時間，我的哥們F請我喝酒，結果那天，他喝多了。

我如果喝多了，唯一想做的事情就是找個地方睡覺，一句話都不想多說。但我這個哥們不一樣，他喝多了就抱著我哭，一邊哭，一邊傾訴自己的心事。

那天，從他語無倫次的哭訴中，我大概釐清了事情的來龍去脈。我這個哥們，最近愛上了一個女孩，但他從其他管道得知女孩之前有過兩段感情，且都發生了關係，他就很難受。他說自己真的很愛她，想和她在一起，但想起她過去的種種時，就無法克服心理障礙。

哦，對了，我的這個哥們的情況是，母胎

單身到現在。

我當時也喝了點酒，就去衛生間接了一杯涼水，然後溫柔地潑到他臉上。

他腦子好像清醒了點，問我：「我臉上怎麼這麼多水？衣服怎麼也濕了？」

我說：「你上廁所時，栽倒在洗手盆上了，我把你扶回來了。」

他聽完，感動地說：「真是好哥們，謝謝！」然後，就繼續傾訴。

我這個人心善，最見不得朋友傷心，忍不住在旁邊一個勁地開導他。

我說，你這個根本不算事。我的另一個哥們M也是母胎單身，突然喜歡上一個離過婚的少婦，全家人都反對，說他娶一個結過婚的，虧大了。

他媽媽以死相逼，不讓他跟那個女人交往；那個女孩也說自己離過婚，「不值錢了」，勸他不要在一棵樹上吊死。

結果怎麼著？M說，自己非她不娶，然後就在一起了，後來我還參加了他們的婚禮，還包了個紅包。

等我苦口婆心地說完，發現F真是沒心沒肺，他竟然靠在椅子上睡著了。我捏了捏他的大臉，沒有反應，估計是真的喝多了，不省人事。

那天，我替他結了帳，準備叫車把他送回家時才意識到，我根本不知道他家在哪兒，只知道他一個人在北京工作，父母都在老家安徽。沒辦法，只好把他帶回我家了。還好我沒喝醉，但我家住五樓，沒電梯。那天，我背著他爬了五層樓，差點沒癱瘓。

第二天晌午，他醒了，揉了揉眼，問我：「我怎麼睡你家了？」「你喝多了，我也不知道你住哪裡，就把你扛回來了。」

「啊！是這樣呀，那個……我昨天沒亂說什麼吧？」「沒亂說什麼，說的都挺亂的。」

「天哪！那我到底說什麼了？」

我笑了笑，說：「跟你開個玩笑，真沒說什麼。」

但我心裡明白，他挺在意這件事的。

二

英文中有一個單詞：virginity，其釋義為：the state of being a virgin（處女狀

態）。

有一種心理障礙，稱之為 Virgin Complex（處女情結）。

接下來說正事，談談 Virgin Complex。別說我「思想邪惡」，我只是就事論事而已。

或許我說得不對，你可以發表自己的看法，但不准罵人！

1. 什麼是愛？

如果你說你愛一個女孩，請你思考一下：「什麼是愛？」

如果愛只是想跟她在一起，只是希望她能如你所希望的那樣「冰清玉潔」，專屬於你，作為一個「未成年人」，我都無法認可你的這種愛，因為這樣的愛有點幼稚、有點自私、有點孩子氣。

真正的愛最起碼應該是擁有對方的同時，能真正給對方幸福，能擔當對方的難處，能在她有困難時給她依靠。我認為這樣的愛，應該比單純的占有更有男子氣概吧！

當然，如果你是女性，喜歡的是個比自己小的「狼狗」，你也要拿出姐姐照顧弟弟的情懷，甚至是母性的關懷。誰讓你喜歡個「小奶狗」或「小狼狗」呢？

2.你能怨誰？

你如果真的愛這個女孩，你怎麼能夠去責怪她的過去呢？

你想想看，她過去經歷的兩段關係，應該也是真情實意的愛，那你有什麼權利去責備在你出現以前發生的真情？

要怨，也只能怨你們相遇得太晚，或者只能怨自己以前不夠優秀，未能吸引她。

3.懂得心疼和體諒

或許她所經歷的感情，造就她的成長，才會讓你今天遇見了更好的她。所以，你還要感謝那些「革命先烈」（前男友），因為他們沒有占住她愛情的位置，才讓你今天有機會。

此外，如果她在過去曾經受過情傷，那你更應該心疼她。如果真愛一個女孩，而她內心卻是傷痕累累，難道你不心疼嗎？

4.另外一種可能

如果你發現你愛的女孩不是你期待或瞭解的那個樣子，比如，她之前對待性生活持較為開放的態度，更不必傷心介懷，這只是說明你們三觀不同而已。

任何人都有選擇自己生活方式的自由，你沒有權力指使別人按照你的要求去生活。你可以不認可別人的生活方式，但應該尊重別人的選擇。當然，你也要聆聽你內心的聲音。

三

最後，說點不該說的，但作為一個成年人又必須懂得的道理。婚前性行為和婚後性行為，僅僅是兩種不同的生活方式而已，誰也不比誰高貴，相互尊重，無須站在道德的制高點上指責別人，因為這本身只是一種選擇，無關道德。除了這兩種生活方式，還有喜歡開放式關係的，等等，人家自願，跟你也沒什麼關係，不是誰都圍著你轉。婚戀，盡量找價值觀相同的，千萬別瞎湊合！

真愛永遠沒有對錯，只有對你來說對的人或錯的人。如果你沒有等到對的人，請你堅持不要將就。

這篇文字，寫給我的哥們 F，也分享給有類似困惑的人。

06

不要和逼你結婚的人戀愛

一個山東女孩，和男友在一起兩年了，馬上要面臨畢業這關卡。男朋友說，希望她能去他家鄉的城市工作、生活，但她父母也只有她一個女兒，不希望她遠嫁異鄉。而且她的爸媽還說，男朋友家庭條件不夠好，怕她以後受委屈。

更關鍵的是，男朋友的家長還希望他們早點結婚，還說如果結不了婚就不要拖著對方，耽誤彼此，乾脆分手算了。

女孩放不下這兩年的感情，但男朋友一直在追問：「什麼時候能結婚？」還說最多能等她一年。

女孩問我：「感覺可能要跟他分手了，但自己又放不下，這段感情該何去何從？」

如果是你，你會怎麼抉擇？

在能愛、該愛、懂得愛的時候，奮不顧身地去愛就好了，至少未來不會因為怯弱而後悔。

—

不能再愛時，就瀟灑轉身離開，因為如果他是你的，你不爭他也會在你身旁；如果他不是你的，你再強求也沒有多大用處。

其實現實生活中，很多人的感情，不是在戀愛，也不是假裝戀愛，只是「還未分手」而已。

世間很多人，情分夠了，但緣分不夠，沒能走到一起。不要遺憾，因為還有更多人，尋覓一生都未曾遇到那個自己愛同時也愛自己的人。

愛情不是生活的全部，家人也不是生活的全部，你要做的是先努力把當下過好，努力去愛，同時努力工作學習，讓自己更優秀。這樣將來才有機會、有能力、有勇氣去選擇自己想要的愛情和生活，而不是受家人和男友的壓力去勉強接受自己並不期待的愛情和生活。

而且，我聽說不努力的女孩子畢業後可能沒得選，會被父母「抓去」結婚、生孩子。所以，努力和獨立都很重要。

有時候，老天爺讓你結束一段關係並不是沒收你的幸福，而是心疼你，覺得他不配，所以放你走。

二

探討個有意思的話題：大學畢業之後就結婚，你願意嗎？答案可能是多樣的。

比如，花癡妹妹可能說，我和男朋友陳偉霆在一起三年了，畢業就要和他結婚。

有人說：不僅畢業後沒必要立即結婚，甚至一生都沒有必要結婚。

還有人說：大學畢業不行，太小，自己還是個寶寶，結了婚兩個寶寶誰照顧誰啊？

也有人說：碩士畢業可以考慮的，如果遇到合適的人，是可以提前的。遇貴人先立業，遇良人先結婚。

更有人說：博士畢業就必須考慮結婚了，不是有那個說法嗎，專科的單身女生是趙敏；大學的單身女生是黃蓉；如果是碩士還單身，就是李莫愁；博士還單身，滅絕師太；博士後呢，東方不敗。

而你可能說：「我有對象嗎？連個對象都沒有，我考慮結婚這樣的閒事做什麼啊？還不如去聽課學習，先考上研究所，再利用給下屆分享經驗時，物色個妹子或『奶狗』。」

其實，我沒什麼好說的，如果一定要說，就一句話：「不要和逼你結婚的人談戀愛。」

逼你結婚的人，多半不是因為自己內心衝動想要跟你攜手共度餘生，更多是迫於父母的壓力；而你可能會因此淪為他實現父母期待的工具。

被逼結婚的人，可能的結果是，要嘛繼續在婚姻中活得痛苦，要嘛在未來忍無可忍時再離婚，那又何必呢？

結婚是到了某個恰當的時間點，兩人都準備好迎接新階段的時候才要做的事，不要逼迫自己去接受，也不要接受別人的逼迫。

我的一位女性朋友，畢業一年之後結婚，結婚以後考研究所，面試之前有了孩子，讀研究所期間讓家人幫著一起帶。碩士畢業時，帶著老公和孩子一起參加畢業典禮。她說：「優秀路上的絆腳石永遠是自己想不想努力，與婚姻無關。」只有你變優秀了，時間才不會虧待你。

而你可能在想，母胎單身二十多年的我，讀這篇文字做什麼？或許，你從來不想獨身，甚至有預感要晚婚，你只是在等世上唯一契合的靈魂。

如果將來要嫁給愛情，晚點沒關係。

羅曼．羅蘭說：「生活只有一種英雄主義，那就是在認清生活真相之後依然熱愛生活。」

生活的真相到底是什麼？

遇良人則安家，如果所遇非人，也不要做一個讀書少、結婚早的人，把青春的一手好牌打得稀爛。

07

糊里糊塗的愛，來得快，去得更快

一

我其實都不好意思說，幾年前的春天，前前女友把我給綠了，分手之後的一段時間我一直很鬱悶，頹廢厭世，甚至不想活了。

那段時間，我看了很多療癒系的書，聽了很多療癒系的情感廣播節目，但都不管用。身邊也沒有什麼「好心人」陪我，有的只是一幫損友，天天在我的傷口上撒鹽。

W同學安慰我說：「有什麼好傷心的？做人不要太自私，就憑你這個長相，有人願意跟你談一段時間的戀愛，已經是往火坑裡跳了，你還指望人家葬身火海嗎？」

Z同學也替我總結道：「吃一塹，長一智；漂亮的女人都不可靠，所以下次談一定要找個其貌不揚的。太漂亮，堅決不談！」

L同學鼓勵我說：「一起出來打個牌吧！轉移注意力是治癒失戀最好的良藥，情場失意的人，必然賭場得意。」

那時的我，天真爛漫，純潔無比，居然信以為真。

於是，我參加了人生的第一個麻將局。記得那天下午的麻將打得昏天暗地，輸得也是一塌糊塗。

二

我的朋友 Aurora 最近又失戀了，這是她第三次在朋友圈宣告感情受挫。三場戀愛，三個「文藝騷男」。

每次的情節都如出一轍：天崩地裂的失戀，突如其來的感動，奮不顧身地投入，令人窒息的奪命連環 call，最後愛恨交加再次分手……

這次失戀後，她獨居在家。閒來無事時，透過社交軟體，認識了一個小哥哥，雖然還未約見面，但聊天中感覺小哥哥人超級好，知道她分手後就一直安慰她，陪她聊天，聽她傾訴。

就這樣一個月過去了，Aurora 感覺自己已從失戀的悲傷中走了出來，她說覺得自己跟小哥哥挺合拍，於是就來徵詢我的建議：要不要跟他在一起？

坦白說，Aurora 是幸運的，因為她雖然失戀了，但畢竟還有人陪。所以說，如果你失戀分手後還有人陪，就不算太失意。

但失戀後，要不要迅速開始一段新的感情，來填補內心情感的空洞呢？

我想說，我不排除第一種可能性：你真的會跟那個安慰你的人開始一段新戀情。

俗話說：「無事獻殷勤，非奸即盜。」如果你本身是高顏值的小姐姐，小哥哥垂涎你美色的可能性很大。

說不定，他之前就一直在默默地關注著你，突然發現你分手了，於是心中竊喜：機會來了。

對你垂涎三尺的他，可能一直秉持的原則就是「肥水不落外人田」，機會送上門來，豈有不泡的道理？

所以，你可以看看鏡子中的你，是否漂亮，是否魅力四射。或許你會發現答案。

因此，我也絕不排除第二種可能性：你想多了，他可能最近宅在家裡，真的很無聊。

你呢？剛分手，又趕上疫情期間悶在家裡，難受加無聊。

此刻的你，剛剛經歷撕裂的傷痛，情感方面非常脆弱和敏感，正好急需一個人來填滿內心情感的空白。

這個時候，可能隨便一個你有點喜歡（最起碼不討厭）的人，稍微關心你一下，你就產生了誤判，因為此刻你的情商、顏值、精神狀態和判斷力，都處在人生的低谷。

那麼，分手後，迅速開始一段新的感情，靠得住嗎？

我個人認為：不太可靠。即便你喜歡這個小哥哥，也讓自己走出上一段感情的陰霾後，再開始下一段感情吧。畢竟，你不能懷裡抱著新歡，心中還想著舊愛，這就說不過去了。

最起碼，你可以等疫情結束，再做決定。這時候說什麼都不太清楚，你和他可能像很多人一樣，都悶傻了而已。

最後，提醒一下：網聊的，先不要太當真，上當受騙的很多，有想賣給你茶葉的，有想賣給你假酒的，還有想騙婚的。

還有一些情侶網戀時，雙方在通訊軟體上噓寒問暖，關懷備至，結果見了一面，吹了；還有一些網戀見面後，只談了一晚上的戀愛，就再無聯繫了。

總之，慎之再慎吧。畢竟，走出那一步之後，就會發現兩個人連做朋友的回頭路都沒有了！

不要太著急愛上一個人，也不要和一個人熟得太快。**以十倍速度親近你的人，最後也會以十倍速度離開你。**

08

那些沒有答案的問題，不妨先交給時間

一

一個同學問了我一個深刻的問題：我們為什麼會愛上一個人？

其實，很多人都搞不懂我們為何會愛上一個人。我也不例外，就像很難搞懂為什麼有的老師上課開黃腔，下面的學生聽得其樂融融，他們嘴上說「你好汙（火車鳴聲，意指『髒』）」，心裡卻樂得開了花一樣。

雖然搞不懂我們為何會愛上一個人，但「愛」確實是一種最美妙、最無私、最偉大的感受。

生活不易，孤獨更是生命的常態，但幸運的是我們還能去「愛」。我諮詢了學生物的朋友。他們說，從生物學角度來說，當我們進入

「愛」的狀態時，身體就會分泌催產素、多巴胺和血清素等物質，但這些都不能解釋愛情的本質。

心理學家說：「愛是延伸自己與他人聯繫的能力。」

很多時候，我們以為自己愛上了某個人，可能是因為我們愛上了自己的想像，或者對方身上有我們渴望的一些東西。所以，這些「愛情」可能只是我們的某些願望，是我們把自己的願望投射到了對方身上。

此外，有些「愛」看起來是愛，但實際是欲望。真正的愛，要基於對自己和對方的瞭解，瞭解之後還有全然的接納和心疼，希望對方幸福，這大概就是「愛」了。

最後，「我們為什麼會愛上一個人」這個問題如果關注點不同，就會有不一樣的理解，比如：是「愛」上一個人，還是愛「上」一個人。希望我回答的正好是你想問的。

二

對的時間，遇見對的人，是幸運、幸福；對的時間，遇到錯的人，是痛苦；錯的時間，遇到錯的人，是荒唐。

一個同學失戀了，到處問別人：「失戀，為什麼會痛？」

我說：「我失戀也會痛，撕裂的痛。但我也不知道為什麼。」

他昨天被分手，女朋友和他是異地，偶爾見面，他對她特別好，願意為她付出一切。但昨天她說不想再繼續了，說她想嘗試一段新的感情，因為有同班同學在追她，有一個隨時在身邊的男朋友會更有安全感。可她還說，希望他能一直陪著她。她先是突然刪了他的微信，然後又要加回來……

他說自己很難受，還在準備考研究所，念不下書，問我怎麼辦。

我回覆說：「建議你抽自己一個耳光，讓腦子清醒一下，如果你女朋友真的如你所述，說明你所愛非人。這樣的人，不趕緊踢開，還留著過年嗎？你不分了她，以後結了婚，她給你戴綠帽子，你會更難受。」

他說自己知道所愛非人，但還是痛，問我怎麼辦。

我繼續說：「你的這個女朋友，腦子有問題，這樣的要求，能提嗎？能跟你提嗎？你也有毛病，人家都說到這個地步了，你還留戀什麼？你還心疼什麼？難受什麼？如果要難受，只能難受自己當初瞎了眼。」

他又回覆說：「我也恨自己當初瞎了眼，但還是痛，怎麼辦？」

我繼續說：「你要是難受，就應該立志，今天你高攀她，明天你讓她高攀不起；你要是難受，就去聽課學習，聽不進去也逼著自己去聽，學就比不學強；你要是難受，就給自己找一堆事情做，讓自己停不下來，就沒時間去感受傷痛。」

最後，他不說話了。

想到他在考研究所，我最後又發給他一段話：「每年都有一些同學在考研究所的路上失戀，但咬牙堅持下來，最終好多人都考上了研究所。你也可以的。」

如果命運不寵你，你還不善待自己，豈不更慘？

從大方向看，失戀是你人生成長的契機；往小地方說，失戀是幫你擺脫錯的人。

但失戀了，會痛。為什麼會痛？這個問題，有答案嗎？你只要不是「渣」，失戀都會痛，沒法醫治。

三

余華在《活著》中說：「沒有什麼比時間更有說服力了，因為時間無須通知我們就可以改變一切。」

世界上有很多問題，你我踏遍千山萬水也無法尋覓到答案時，不妨先把它們交給時間。

一切問題，最終都是時間問題；一切煩惱，可能都是自尋煩惱。當愛已成往事時，就別糾纏了，糾纏不斷，痛苦的是自己。

第五部

你的眼界，決定你的世界

01

別把自己的眼界當作全世界

有次教育研習，我去聽一名同事L老師的網路課程。

L老師在英國念的大學和研究所，畢業後，還在BBC（英國廣播公司）做了一段時間的播音主持，後來回到國內某一流名校任教，同時兼職在外面講些課程。能請到這樣的厲害人物來講課，我自然不能放過觀摩學習的機會。

那天，我像個學生一樣，戴著耳機，很享受地聽她講課。直播的過程中，在討論圈裡，有一個人一直洗版，大概意思是批評老師的發音不標準。

洗版，大家應該不陌生。網路的另一端，

那位性別不詳的同學，很執著，一直重複洗版。其實我知道，L老師肯定是看到了，但可能覺得不值得回應，因為回應他一個人是浪費所有人的時間。

更多的同學，則在讚美老師的發音好聽，只有那位同學不屈不撓，足足洗了半小時的版：「老師，你的發音為什麼我聽不懂？是不是不標準？」

在課堂休息時間時，老師說：「現在課間休息，我回應一個同學的問題，就是說我發音不標準的那位，坦白講，這還是我當老師這麼多年來第一次聽到這樣的負評。」

說完，她禁不住「哈哈」地笑了起來。聽得出來，她沒有生氣，絲毫沒有。

那天課後，我透過客服聯繫到了那位同學，是個男生。我對他說：「你洗版說L老師發音不標準，麻煩你在電話裡說幾句英語，我聽聽。」

然後電話那端他說了幾句英文，我問他：「你是不是邯鄲人？」他驚奇地問：「老師，您怎麼知道的？」

我說：「咱們是老鄉，聽到你講 Handan English（邯鄲式英語），感覺特別親切。」

電話那頭，他驚聲尖叫起來：「沒想到，咱們這麼有緣！太激動了！」我接著說：「別激動，問你個問題，你平時是不是不怎麼聽英文錄音？」

他說：「我覺得麻煩，經常自己讀。」

我又問：「那你跟外國人交流過嗎？他們能聽懂你講的英語嗎？」

他說：「老師，說實話，慚愧呀。我是農村長大的，上大學後才見過幾次外國人，但不好意思也不知道怎麼跟人家搭訕，所以我也不知道他們能不能聽懂我講的英語。」

後來，我在電話裡告訴他，應該多聽 native speaker（母語使用者）的英文，而不是自己讀著開心就行。否則，就會陷入認知的狹隘中。

二

我想到前不久的一件小事。

那天，我在社區裡散步，看到一個奶奶帶著小孫子遛狗。

小男孩四五年級的樣子，奶奶邊走邊詢問小孫子學校學習的情況，小孫子看上去很自負，覺得自己比奶奶懂很多很多。

社區的快遞櫃（可供用戶自助領取和投寄快遞的智能儲物櫃）旁邊，有個旅遊的看板，小男孩問奶奶：「廣告上的崇山少林寺，你去過嗎？」

奶奶扭過頭，笑眯眯地說：「是嵩山少林寺，不是崇山少林寺。」

小男孩氣急敗壞，大聲跟奶奶嚷嚷：「不對，奶奶你錯了，不是嵩山少林寺，是崇山少林寺，是崇山峻嶺的『崇』！」

奶奶本想再說幾句，告訴他這兩個字的差別，但看到小孫子使性子的牛脾氣和火氣一下都竄出來了，只是笑了笑，沒再說話。

三

無論是洗版指責老師發音不準的學生，還是認錯字還不自知的小學生，令人哭笑不得的是，他們都把自己的眼界當作全世界了。

當然，生活中不乏這樣的成年人。

有的人工作不順，自以為有才華但未受重視，就覺得同事和老闆都是笨蛋；

有的女孩談戀愛遭遇了渣男，就覺得全世界的男人都渣；有的人在困難時，沒有人伸手拉他一把，就覺得世態炎涼，人情冷暖……

有時，我們很容易以為自己看到的就是全部，自己以為對的就一定是對的。把自己的認知當作萬物的準則，將自己的眼界當作全世界，這是最大的狹隘。

我講網路課程時發現，很多同學選擇在宿舍聽課學習，理由是「有網路」。於是，經常聽到這些同學的抱怨。

「我想專心聽課，室友卻故意說話；我在看書學習，室友卻發出很大雜音干擾我。」

「其他幾個同學連線打遊戲時大喊大叫，導致我無法靜心學習。」「嘗試過溝通，當我在宿舍學習時，請他們保持安靜。但溝通成本很高，溝通不順時，我跟室友打了一架，結果更影響學習的心情了。」每次聽到這樣的抱怨，我都要像個媽媽一樣苦口婆心地跟他們勸解：

「這就是你的不對了。宿舍本來就不具備自習室學習的條件，你不能因為你要學習，就要全宿舍人都配合你，營造安靜的環境。要知道，他們只是你的室友，沒有這個義務呀。」

不要把自己的眼界當作全世界，也不要以自我作為思考的中心。你可以不認可別人的生活方式，但不妨礙你尊重別人的選擇，也不要去強迫別人都順從你的意志。

這個世界，正因為選擇的多樣化而豐富多彩。我喜歡看書、聽課、授課、寫作、演講，生活中很少玩遊戲和追劇。我的喜歡和不喜歡，僅僅是個人選擇而已，我雖然長得帥，也沒有什麼理由斥責那些玩遊戲和追劇的人。

你不看電視，沒必要攔著不讓所有人看。

你不喜歡打麻將，去做你喜歡的事就好，沒必要在親戚、朋友聚會搓麻將時澆他們冷水。

你不去泡吧和夜店跳舞，但不能一口咬定去泡吧和去跳舞的全都不是什麼正經人。

你的眼界也不是全世界，你把自己的認知當作衡量萬物的尺規，你就是個「二楞子」。

一個人變成熟的特徵之一，就是不僅不再把自己的眼界當作全世界，還能接受自己的平凡，看到自己的局限，但依然有勇氣扛起責任，努力撐起自己的一方小天地。

承認自己的幼稚，是一件很艱難的事情，但不承認就無法走出自我認識的狹隘，也就無法成長成熟。

改變自己，是自救；影響他人，是救人。如果你立志要成為一個影響和改變世界的人，請先從改變自己開始吧！

02

不成熟，不等於耿直

一

友人S一年前買了間房子，請了裝修公司，大費周折裝修了半年時間才完工。之後，邀請我和其他幾位朋友去參觀。

S的房子位於近郊，是座花園洋房。走進玄關，我們就看到了一塊巨大的布藝裝飾，富麗堂皇。他自豪地說：「我特地請了室內設計師來設計，總計花了十多萬。」

同去溫室的人中，有一位以「耿直」著稱的小哥H，他聽完了價格後，用充滿優越感的語調喊道：「什麼？這太貴了吧！你肯定是被坑了！」

H說的是事實嗎？

是的。H確實道出了真相：「因為我舅

舅就是做裝潢的，我知道這其中的私弊和油水。」

但H評論的那幾句話，瞬間讓S的臉色很難看，他尷尬地笑了一下，說：「同樣的東西，價格貴的自然有它貴的價值，一分錢一分貨，便宜沒好貨，品質也無法保證。」

H不服氣，繼續據理力爭：「不騙你，你就是被坑了，這個裝飾，五萬都不值。你可真有錢呀！」

H嘴上說著，手上也沒停，上下揮舞，指指點點。

S漲紅著臉，想說點什麼又說不出來。一時之間，氣氛尷尬到極點。我趕緊打了個圓場，開始一邊用手撫摸著那些裝飾，一邊稱讚S的房子很大，還說這個裝飾的品味也很不一般。

我不是拍馬屁，因為我買不起S這樣的大房子，對這種裝飾風格也很羨慕，顯然S是花了心思的。至於S的錢花得值不值，我覺得他自己開心就好了。

接著，其他人也跟著一起誇房間裡的其他裝飾。

「呃，說實話，我差點支付不起這些開銷，設計師估計多收了我不少錢，我有點後悔買這些布藝裝飾。」

那一刻，看著S臉上變輕鬆的神情，我突然意識到：H以為自己耿直，其實別人都覺得他傻。

不得不說，人性是有弱點的。我們自己犯錯時，也許會向自己承認；如果對方溫和友善，或許我們也會向對方承認，以顯得自己胸襟廣闊。

但如果對方口無遮攔道出了令你難堪的事實，你會認同嗎？當然不會。別人的批評否定了你的智慧和判斷力，打擊了你的驕傲和自尊，你不僅不會因此改變想法，反而只想回擊，因為這傷害了你的感情。

所以，下次說話時，作為一個成年人，別像小孩子那樣直白、直接地指出別人的失誤。因為這就等於在說：「你是不是個傻子？我很聰明，讓我來告訴你……」

再好的朋友，也經不起你過分的直白。你可能是真的耿直，別人卻認為你傻。

二

我曾經深深為富蘭克林偉大的個人魅力所折服，但我讀《人性的弱點》時，發現這位精明能幹的政治家、科學家、發明家、文學家、外交家，卻曾經是位魯莽少年。

當班傑明．富蘭克林還是個「行事浮躁的年輕人」時，他的一位朋友提醒他：

「班，你太讓人難以忍受了。但凡有人和你意見相左，你就口出狂言。你的話就像是狠狠給了對方一耳光，沒人聽得進去。朋友們都覺得你不在身邊的時候要自在得多。你自以為才高八斗，沒人敢和你爭辯；事實上，別人只是不願和你爭罷了。他們深知這樣白費工夫，只會引起不快。這樣下去你永遠無法進步——你現在就已經無知得可憐了。」

偉人之所以偉大，在於其明辨是非，受得了忠言逆耳。年少的富蘭克林意識到，如果他繼續這樣下去，迎接的必然是社交敗局。

因此，他下定決心糾正自己的粗魯無禮和剛愎自用。

富蘭克林給自己定了個規矩：不可以直接反駁他人，也不可妄下斷言。他禁止自己使用意見明確的話，像「肯定是這樣」、「毋庸置疑」等，取而代之的是「我估計」、「我擔心」、「我猜」、「目前我覺得可能是這樣的」。

富蘭克林說，當發現對方的觀點有誤時，他會克制住立即反駁的衝動，不再以指出對方的荒謬之處為快樂；反之，他會嘗試先肯定對方觀點在特定情況下正確的部分，再暗示目前的狀況已經有所不同。

此一改變，讓富蘭克林受益良多。他與別人討論時對方的反彈減少了，交流也融洽多了。

不僅如此，他謙遜的態度，還幫他贏得了良好的人脈。

當然，富蘭克林也說，在一開始做出這種改變時，他也不得不壓制自己的本能；但刻意的訓練，最終把這種行為變成了習慣。

富蘭克林說，如果自己碰巧是正確的，這種交流方式，更容易讓對方放棄錯誤的觀念；如果碰巧自己是錯的，這種交流方式，也不再讓自己覺得羞愧。

三

伽利略說：「你無法教會他人，唯一能做的，只是引導他自行領悟。」我剛當老師時，發現很多學生對我的態度不滿意，比如教學評價中他們這樣寫：「這個老師毒舌，這個老師說話的方式令人難以接受，這個老師總是諷刺打擊學生。」

深刻反省之後，我意識到：我之前的說話方式，不是耿直，而是傻，是不顧學生的顏面。比如，發現學生的錯誤時，我習慣於怒吼：「這麼簡單的問題，居然能犯錯？」

後來，學生犯了一個不該犯的錯誤時，我說：「請你默默地舉起自己的小手，捏捏自己的大臉，問問自己為什麼這麼可愛？」

這些年，我逐漸明白，一個人成熟的特徵之一，就是不再在嘴上爭強鬥狠，而是懂得照顧別人的感受。

所謂成長，就是下棋的時候能贏了老爸；所謂成熟，就是你明明可以贏老爸，最後卻讓老爸小贏你一下。

一個人成熟時，考慮的不再只是輸贏或對錯，還有尊重、關心、利弊。

青春期時，我喜歡和我媽對嗆。我老媽有點強迫症，她要求我每次吃東西，一定要吃熟的和熱的（童年的我連冰棒都沒吃過）。記得有次我煎牛排，本來已經盛到盤裡了，被我媽看見了，她硬說牛排沒熟透不能吃，逼著我重新煎。我呢？拿起就吃，老媽就從我手裡搶，結果牛排掉在地上，最後扔了。

現在的我，已經很少為這些芝麻綠豆的事和她爭論了，因為與輸贏對錯比起來，我更在意的是她的心情，當然還有我的心情。

一個人在說話、做事時，開始知道顧及別人的感受，能夠站在一個更理性而全面的角度，那樣的話就可以說他真正變得成熟了。

真正的成熟，是看破不說破，看穿不揭穿，知世故而不世故。願年輕的你我，在將來的某一天，洞穿世事的同時，依然保持一顆天真未泯的善意之心。

03

贏得爭論最好的方法，就是避免爭論

生活中的你，跟別人吵架嗎？如果吵，跟誰呢？

有意思的事情是，現實生活中，吵架的人，基本都是跟你生活、工作、學習直接相關的人，比如：親密伴侶、合作夥伴、同事、好朋友，當然還有家人。

你在大街上跟陌生人吵起來，或者你在網路上跟人打筆仗，那叫「幹仗（互相打罵）」，不在今天討論的範疇。

一

曾經有人問我：爸媽經常吵架，該怎麼辦？

聽到這個問題，我樂了。因為我的父母也

常吵架，他們吵了一輩子，感覺每天都在吵。小時候，我傻，還試著勸解；長大後，我發現，吵架是他們相愛的方式之一。吵架是日常，是他們生活的一部分，見怪不怪。

我的原則是：只要不動手，不導致家庭破裂，爹媽願意吵，就讓他們放飛自我吧。

不涉及大是大非的問題時，爹媽吵架，我們當孩子的，不僅沒必要攔著，還應該跟著起哄，去讚美，去鼓勵。因為這是他們的愛情，是他們幸福的表達形式。

有時候，老倆口為了一個觀點爭論得面紅耳赤，甚至還拍桌子，我就在旁邊竊笑。有時，我覺得家裡太安靜時，還會賤兮兮地問一句：「你們老倆口怎麼不吵了？」

其實，如果父母吵到離婚的程度了，也就沒得吵了。既然還能在一起，吵吵架，一定比相對無言更好一些。

二

現實生活、工作和學習中，有些非親人之間的吵架和衝突，有時會爭得面紅耳赤，如何避免？這需要從認知層面做一些調整。

分享幾點自己的認知、感受和建議：

1. 正確認識分歧的必要性

試想，如果兩個合作夥伴的意見總是一致，那其中的一個，還有存在的價值嗎？

因此，若對方提出了你從未想到的觀點，或質疑你的看法，請你心存感激。因為不同的意見可能幫你避免犯錯和思維漏洞。

2. 不要縱容直覺反應

面對他人的質疑或挑戰，一般人都會下意識進入戒備模式（至少之前的我是這樣），這是人性的弱點，可能也是本能。

出於直覺反應的反擊，因為沒有經過大腦的思考，往往是非理性的。要避免非理性爭吵，就應格外注意，警惕你的本能反應。因此，建議你有吵架的本能反應時，提醒自己深呼吸，保持冷靜。

3.控制情緒

情緒不穩定的人，往往情商也不會高到哪裡去，不管是工作還是生活，都會受到情緒的影響，而且這種影響通常都是比較大的。

情緒穩定，是成年人的標配。認知水準愈高的人，生活中雞飛狗跳的事往往愈少。

商業脫口秀節目《冬吳相對論》裡有一句話，令人印象深刻：「無論是在商業界，還是人際關係上，都有一個亙古不變的現象，那就是『強者示弱，弱者示強』。」

弱者易怒，而強者懂得示弱。卡內基在《人性的弱點》中寫道：「觀察對方是否易怒，你就大概能知道他是君子還是小人。」

4.學會聆聽，先聽後說

每個人都喜歡講自己得意之事，巴不得每個人都知道，這是人性使然。

但蘇格拉底說：「上天賜給每個人兩隻耳朵、一雙眼睛，但只有一張嘴巴，就是要求人們多聽多看，少說話。」

你如果懂得尊重別人，不想吵架，請先認真聆聽。我討厭自己講話時被人打斷，我認為，打斷我的講話，等同於打我的臉。當然，己所不欲，勿施於人，我也要求自己學會聆聽和不打斷別人。

避免吵架，就要建立溝通的橋樑，溝通的第一步就是聆聽。先聽後說，不是不說，而是聽的過程中掌握更多有價值的資訊，也給自己預留出更多時間去思考說什麼、怎麼說。

所謂「兩年學說話，一生學閉嘴」，就是這個道理。看穿不戳穿，懂得顧及別人的感受，不讓對方難堪，既是高情商的表現之一，也是人際交往的有效手段。

當你的眼裡，不再只有吵架的輸贏，還有尊重、利弊和關心時，你就變得更成熟了。

5.誠懇的態度

在能讓步的時候讓步，在該認錯的時候認錯。這可以使得對方放下戒心，從而減少摩擦。

誠懇的態度，還可以體現在談話交流開始之前。比如，我經常給戀愛中的情侶提的一個建議是，戀愛時，記得定個規矩——如果你們吵架，一個人發火時，另一個人必須聽著。如果兩個人都在叫嚷，就不是溝通，是爭吵。無論對彼此多麼不滿，都應該首先遵守這個約定。

這樣的協定，就是預防和解決問題的誠懇態度，當然也適用於其他人際交往的場合。

6.衝動是魔鬼

衝動是魔鬼，你愈是在氣頭上，愈有可能不講道理。但不管你是否願意承認，對方說的都有可能是正確的。

所以，哪怕你當時無法接受對方的觀點，也要向對方承諾，你會認真考慮他的想法，並且在吵完架後說到做到。

借此機會，你可以讓自己深思熟慮一下。這樣，總好過事後被對方指責：「我告訴過你，可你就是不聽。」

7.真心實意感謝對方的重視

衝動是魔鬼，即便爭得面紅耳赤，也不要忘了：對方願意花時間和你爭辯，是因為他和你對同一件事感興趣。

因此，吵架時，不管對方的建議和觀點能否讓你信服，先真心實意感謝對方的重視，將他們視為真心願意解決問題的人，也許能化敵為友。

8.沒有答案的問題，不妨交給時間

如果爭論中，誰都無法說服另一方，就需要決策機制。比如：公司高層的爭論中，如果僵持不下，就應該設定機制由某位主要決策者裁決。

有時，爭論沒有結果，還需要給雙方足夠的時間找出癥結，主動建議推遲討

論時間，將所有細節都考慮清楚。

9.復盤和反思

復盤（還原對奕過程並加以研討）和反思兩個方面：對方和自己。

一方面，反思：對方完全一無是處嗎？有沒有可能部分正確，甚至完全正確？有哪些值得肯定的地方？

如果有，下次討論時，先談談對方引以為傲的東西，從肯定對方開始；如果沒有，下次討論時，也不要從否定對方開始。

另一方面，反思：我的建議能解決問題，還是只會引發不快？我的行為是會把對方推向對立面，還是拉近我們的關係？我的決策能否讓人們更尊重我？

我會贏，還是會輸？如果我贏了，我付出的代價是什麼？如果我保持緘默，紛爭是否會就此平息？目前的局面對我而言，是否意味著機會？

三

《孫子兵法》中說：「是故百戰百勝，非善之善者也；不戰而屈人之兵，善之善者也。」

雖然爭論和戰爭不能相提並論，但我依然認為：贏得爭論最好的方法，就是避免爭論。

避免爭論，不是不爭，而是以退為進，有策略、有目的、有節奏、有方法、有步驟地解決問題。

以上，與各位共勉。

04

貶低別人抬高自己時，暴露了什麼？

一

前些天，我跟一位在北京某重點高中當老師的哥們阿桑喝酒聊天。

阿桑是我的大學同學，他畢業後直接進了北京郊區某重點中學教書。幾年後由於教學成績異常突出，拿了北京市各種教學比賽的獎，被西城區某重點高中延攬過去，當了數學教研組的組長。

這些年，阿桑在體制內，我在體制外；他在公立學校叱吒風雲，我在教育培訓行業風生水起。我們兩個惺惺相惜，因此偶爾聚聚，除了喝酒暢談往昔崢嶸歲月，也縱論世界大事和身邊芝麻綠豆的小事。

這樣的朋友，即便相聚甚少，每次也相談

甚歡。

那天，我們找了個大排檔，點了他愛吃的燒烤和我愛啃的鴨脖，開始了開懷暢飲。

幾杯黃湯下肚，他拿出手機，賤兮兮地說：「我給你發段影片，你看看你們教育培訓行業，都是什麼人？」

我笑了笑，端起一杯酒說：「來，先喝一個，消消氣。」

打開手機微信，我一邊啃鴨脖子，一邊打開影片，播的是某線上輔導機構所謂「名師」的授課片段。

為避免侵犯肖像權和名譽權，也基於「就事論事」和「不針對個人」的原則，我把那位「名師」說的話轉成文字，如下：

「我給你講的技巧，是你在學校待一百年也不會學到的。能理解嗎？我現在給你講的所有的技巧，你在學校根本就學不到。這個不是課本上的……」

看著影片裡那位「名師」手舞足蹈的醜態，我一不留神，剛買的華為手機摔到了水泥地上。還好，手機品質好，沒摔壞。

阿桑說：「你看看，你們搞課外培訓的，都是些什麼樣的人？非得貶低別人，才能抬高自己嗎？他大概從娘胎裡出來就沒有進過公立學校吧？就他講的這點東西，說實話，真不稀奇。」

阿桑很是氣憤，他喝了一杯酒，接著說：「這個世界上，總有些人吃相難看，靠踩別人來凸顯自己厲害，但實際上也暴露了自己的嘴臉。」我趕緊站起來，一邊給他鞠躬，一邊說：「我代表這個『二楞子』和我們這個行業，向桑老師致歉，您消消氣。」順便給他斟滿一杯酒。

阿桑看了看我，問：「你鞠什麼躬呀？我說的是影片裡的人，又沒說你。」

我趕緊又鞠了一躬，說：「影片裡的人，我認識，他是我教過的學生，還是我的微信好友，我代表他向你敬杯酒，以表歉意。」

我這個人，有時疾惡如仇。看完影片的一剎那，我就想把他從我的好友列表裡刪除，我為自己認識這樣的人感到羞愧。

我這個人，有時念舊心軟。他是我的學生，學生做錯了事，當老師的也有責任。所以，那天我沒再喝酒，而是趁自己腦子清醒，作為英語老師，給這個曾經的學生、現在的數學老師撥了通電話，好好聊了聊當老師和做人的道理。

二

靠貶低他人來抬高自己，這種行為令人不齒、令人生厭。

成長中的我們，總有一些方面可能技不如人。如果真的技不如人，要靠貶低別人來抬高自己，這種檸檬酸多了，就變成了酸臭。

事實上，即便你真的比別人強，你想抬高自己，只要盡情展示自己的優雅、博學、大度即可。

靠貶低別人來抬高自己的人，更多時候，要嘛是心虛缺少自信，要嘛就是酸溜溜的嫉妒。

無論你身處哪個行業，細心觀察後都會發現：行業翹楚，幾乎從不依靠貶低同行來抬高自己。袁隆平爺爺吹噓過「老子天下第一」嗎？鐘南山院士貶低過其他醫生來凸顯自己嗎？

真正厲害的人物，都在與時間賽跑，他們專注做著自己認為最有價值的事情，哪還有時間和精力去貶低別人。

美國作家法蘭西斯．史考特．費茲傑羅在《大亨小傳》中寫道：「每逢你想要批評任何人的時候，你就記住，這個世界上所有的人，並不是個個都有過你擁有的那些優越條件。」

有時候，那些所謂的優越感，可能也只是自我感覺良好而已。當你張嘴說出或寫出貶低別人的話語時，自己已經變成了一個蠢貨。

三

寫到這裡，我在想，其實上面的文字，對你而言，或許真沒什麼用。畢竟讀到這篇文字的人，也不是三歲的小孩子，道理都懂：靠貶低別人來抬高自己，是弱者的愚蠢行為。

我們可以要求自己不做這樣的事，不說這樣的話，但令人煩惱的是：林子大了什麼鳥都有，如果我們身邊有這樣的人，該怎麼辦？跟他打一架嗎？

除了給大家「敬而遠之」這項建議，再給大家分享一個故事。

幾年前，我受邀去外地參加一個會議，同車前往的有一位女老師，無論聽到別人說什麼，她都張口評論甚至反駁，並趁機炫耀自己的幼稚見解。

一車同行之人，皆反感至極。只有坐在她身後的我，不斷地恭維道：「你說得太好了！我就喜歡你這種性格，現在這個世界上，像你這樣既深刻又真誠的人，真是愈來愈少了。」

她聽得心花怒放，在高速公路的服務區停車休息時，她不僅買飲料給我，還買各種水果請我吃。

那一路上，我喝著飲料，吃著水果，也非常開心。但估計一車人都快氣死了。

你看，這不也挺好的嗎？我不認可人家的生活方式，但我「尊重」人家的選擇：由著他、幫著他、捧著他，「助人為樂」不也挺好的嗎？

四

我又想，面對這個失序甚至有點狼藉的世界，你我還是要快樂的。

快樂的獲得，主要有兩個途徑：一是修煉自己，做好自己最該做的事情，同時管好自己的嘴，別亂自以為是指責；二是犯不著跟傻瓜理論，要嘛堵上耳朵，要嘛「誇誇」他們，用「高帽」就能搞定的人，不值得爭吵。

希望你不只看到生活的一片狼藉，希望你多多思考，享受有酒有肉的日子，培養一個有趣豁達的靈魂。

05

你呀，別一大把年紀了，還像個孩子

有的人呀，別看都一大把年紀了，還像個孩子。

這句話，如果是別人說我，我可以接受。因為我確實是一大把年紀了，還經常嘟嘴賣萌裝嫩。但我只是裝嫩，而有的人雖然年紀不小了，但思想上、心智上還真是個孩子。

一

春節前，有位小女生來到朝陽門我工作的地方拜訪，給我留下了深刻的印象。

她是一個天津女孩，看裝扮，家庭條件應該不錯。她說自己經常跑來北京玩，這次順便看看我這個「一直陪伴卻素未謀面」的人。

寒暄了幾句後，她說有個問題向我諮詢。

聽了幾句，我發現，其實不是問題，全是抱怨，抱怨的就是自己的父母。

「老師，跟您說，我爸媽總說我不夠成熟。其實，我有自己想做的事情，但他們總不支持我。」

「為什麼不自己去做？為什麼一定要他們支持？」

小女孩瞪大了眼珠子，滿是驚恐地看著我說：「那我錢從哪來呀？」「自己打工賺錢呀。要是實在沒錢，就從生活費裡省，少吃點還能減肥，或少買幾件名牌也行。」

「那他們還是會擔心呀！他們肯定不同意，我到底該怎麼辦？」我突然意識到，其實她父母說得沒錯，她真的不成熟。一個天天想做事，但一直在擔心這個又擔心那個的人，憑什麼讓別人覺得她成熟呢？

於是，我就接著問：「請問，你最近最想做的一件事是什麼？」「考研究所，因為我念的大學不是太好，我想考一家名校的研究所。」

「跟你爸媽說了嗎？他們怎麼說？」「他們說，試試吧，反正也考不上！」「然後，你怎麼說？」

「我還能說什麼，他們就沒把我當人看。」「那你覺得他們把你當什麼了？」

「我也不知道！反正跟他們溝通有障礙。」「然後呢？」

「然後？然後我氣到不行，這不就來找您了嗎？我覺得您比我爸媽慈祥，您開導開導我！」

「別胡說八道，說誰慈祥？慈祥能用來形容我這樣的年輕人嗎？」「不不，老師，您在我眼中，就是最慈祥的人。」

我說：「好吧！我教出來的都是一群什麼沒良心的學生……」

後來，我假裝「慈祥」，委婉地告訴那位女孩：在考研究所這件事情上，能證明你不再是個孩子的唯一途徑，就是立即行動，聽課學習；如果選擇了考研究所，無論經歷了什麼樣的苦，都不要在父母面前哭喊、抱怨，咬牙也要堅持到考上研究生的那一刻。

當你把錄取通知書甩在爸媽面前時，他們自然會感歎你的成長；即便未能考上研究所，明智的父母看到你的堅持、努力和無悔的選擇，也會驚訝於你的執著。

怕就怕你不僅自己不努力，還忍受不了別人說你不努力。

如果你已成年，繼續在物質上啃老，精神上也從未斷奶，父母把你當孩子，有錯嗎？

如果你是無志之人常立志，目標永遠只是掛在嘴上，又憑什麼讓別人不把你當孩子？

如果你每做一件事，還沒開始，就想到了一堆放棄的理由，你也永遠是個孩子的心智。

二

我又想到了我的表弟。

幾年前，他在北京郵電大學讀書。大一剛放暑假時，他在朋友圈看到一個哥們曬一路騎單車回家的照片，覺得一路吃喝玩樂，還能鍛鍊減肥，有點意思。正好室友也是邯鄲人，兩個人一拍即合，決定來一場「說走就走的旅行」。

第二天吃完早餐，兩個人發了朋友圈，頂著驕陽，雄糾糾、氣昂昂就出征了。

結果，剛出五環，室友就說：「這太陽太毒了，受不了了，汗流得眼睛都睜不開，不然我們回去吧？」

話還沒說完，表弟就應了一聲：「好。」

一拍即合，兩個人叫了輛計程車，回到學校餐廳喝了兩瓶冰鎮啤酒，再回宿舍沖完澡，睡了一大覺，第二天買了回家的高鐵票。

兩個人都發了朋友圈貼文，互虧對方是豬隊友。

據說，那次表弟回到家，舅媽看著皮膚曬傷的兒子，還嘲諷了一番。

一年後的暑假，我去舅媽家蹭飯時，滑到了表弟的朋友圈，他和室友又要開啟騎單車旅行回家的遠征之旅了。

我按完讚，留了個言：「當心路上有女劫匪！有難時，就犧牲一下室友吧。」

吃完飯，舅媽也接到了表弟的電話。

談話一開始，還母慈子孝；不一會兒，就聽到舅媽大喊：「我不同意，你是吃飽了撐著嗎？路上要是出點什麼事，遇到壞人，怎麼辦？」

表弟在電話那頭，也大聲吼道：「我給您打電話，就是跟您說一聲，不是問您同不同意的！」然後，就掛電話了。

十分鐘後，表弟打了通電話給我，他告訴我：這次，他和室友兩個月前就在網路上查閱了路線，看攻略準備了應急的物資，還花了幾天時間跟學校裡修車的師傅學修理……

總之，就是讓我轉告舅媽和舅舅，他和室友做了充分的準備，讓家人放心。

聽完我的轉述，舅媽不僅不反對了，還一個勁誇：「好吧，這臭小子，長大了，有出息了！」

最後，他們不僅順利完成了四百六十多公里的單車旅行，還在旅途中逛了幾個景點，品嚐了沿途的各種美食：燻魚、醬菜、驢肉火燒、羊湯、芝麻涼粉、酥魚……

最關鍵的是，他們騎了一星期，不僅沒曬傷，而且沒曬太黑。

因為他們出發前查閱了足夠的攻略，也做了細密的規劃：早晨太陽剛出來時開始騎，等天熱了，就找地方休息；等下午天不太熱了，再繼續騎……

親愛的朋友，看到了嗎？如果你不想讓父母反對你，不想讓他們說你不成熟，不想讓他們覺得你幼稚，**最好的辦法不是吵架，而是把你合理的計畫分享給他**

們，然後用行動和結果來證明自己的獨立和成長，哪怕只是長途騎單車旅行這樣的小事。

記住：別一把年紀了，還像個孩子。想讓父母覺得你不是個孩子，你先要自己把自己當大人。

06

人生就像一盤紅燒肉

一

我還在大學任教時，某天上午的課程結束後，一名學生來找我，他叫小雄。

看著他一副半死不活、垂頭喪氣的樣子，我問：「有事嗎？」他說：「老師，我想死！」

我賤兮兮地笑了一下，說：「好，去死吧！記得寫個遺書，至少有一句話：『我死了，跟石雷鵬沒有關係。』」

看著我一副滿不在乎的樣子，他先急了：「老師，您怎麼能這樣呢？」我假裝一臉無辜地看著他，說：「我能怎樣？難不成，你還讓我跟你一起去死嗎？」

沒想到的是，這渾小子居然笑了：「這敢情好，黃泉路上有個伴。就喜歡跟您這樣看著不正經實際特別正經的老師聊天……」

「停停停，你給我打住，有什麼事？快說！我還得吃午飯。」「我覺得自己特別失敗，一無是處……」

「也不是吧？據我觀察，你應該至少有兩個優點，想聽嗎？」「想聽。」

「想聽，就先誇誇我。」「老師，您真帥。」

「你不是一無是處，根據我們剛才的對話，你的兩個優點：一是有自知之明；二是有見機行事的巧智，會說話，知道怎麼誇人。」

「老師，您這麼一說，我不想死了。但我還是覺得自己很失敗，感覺什麼都比別人差，怎麼辦？」

「能具體點嗎？哪裡差？愈具體愈好。」

「沒別人家有錢，長得沒別人帥，成績沒別人好，四級也沒過，別人都有女朋友了我還母胎單身……」

我打斷他，說：「慢點，我們一個個問題拆解。先說第一個問題，沒別人家有錢，要嘛重新投胎，要嘛認清現實，努力學本事，將來賺更多錢。第二個問題，長得沒別人帥，但也不算醜，這個問題，就這樣過了。第三個問題，成績沒別人好，四級沒過的主要責任在我，老師教得不怎麼樣，而且對你監督不嚴，沒能在你不想學的時候立即出現在你身邊罵醒你，沒有在你早上睡懶覺的時候把你拽起來，沒有在你打遊戲時阻止你，沒有在你背單字背不下去的時候陪著你一起背，沒有在你考試不會寫時替你答……」

「老師，您怎麼能諷刺我？」

「作為老師，沒把你教好，我也很失敗，我也不想活了。」「老師，您又不正經了！」

「好了，下一個煩惱是什麼來著？」「別人都有女朋友，我沒有。」

我聽完哈哈大笑：「第一，並不是所有男生都有女朋友，你不孤單。第二，如果你是個女生，你會看上現在的自己嗎？」

他摸了摸自己滿是髮油的「秀髮」，搖了搖頭。

我接著說：「你的這些問題，都是因為太懶，不夠努力。如果你賣命努力，哪還有時間想這些鳥事？」

「其實，我努力了。有個室友，我不太喜歡，但他很優秀，我暗地裡把他當競爭對手，卯足了勁兒也沒超過他，心裡不舒服，怎麼辦？」

看了看教室牆上掛的時鐘，我說：「走吧，跟我一起去員工餐廳請你吃頓飯吧，邊吃邊聊，我一兩句話沒法兒說清楚。」

他說：「好吧！沒想到老師您這麼好！」

「我發現了，你還有第三個優點，知道是什麼嗎？」「不知道。」

「臉皮厚，我就跟你客氣一下，你倒是一點兒也不客氣哦。」「一日為師，終身為父。老子請兒子吃飯，不過分。」

「這麼不要臉，果然是我教出來的學生。」

二

那天，我們邊吃邊聊，聊了很多。

他說自己小學、初中、高中和大學，讀的都不是重點學校，在班上成績也一直很平庸，沒什麼才藝，長得也不夠帥，屬於普通得不能再普通的人了。

他還說，之前從來沒有過什麼想法，覺得自己就是個平庸的人，努力了也沒什麼用，優秀都是別人的。進入大學後，聽了我課上的一些分享，覺得自己的生命中缺了點什麼東西，才有了努力改變的想法。

他說，自己努力了，但很受挫。比如卯足了勁念，考的成績也沒室友好，感覺自己努力的終點才剛剛是人家的起點。

看到了嗎？**人不成熟的特徵之一，就是付出了就想立即有回報**。現實生活中，有很多像小雄一樣的孩子，考前背幾個單字，就想把四六級過了。他們從不想自己從小到大在學習上給自己挖了個多大的坑，考前學的零星知識，連坑底都填不平。

有的男生跟人家女生沒說幾句話，就希望人家愛上他。你想獲得愛情，憑什麼？靠臉，靠身材，靠才華，靠財富，還是靠有趣的靈魂？你總得有一樣東西拿得出手吧。不懂得經營自己，就註定要孤獨終老。

剛踏入職場的菜鳥，不要沒有付出時就憧憬著回報，你得先努力讓主管看到你的成績、發現你的成長、認識到你的重要，這樣你才有升職或加薪的可能。當你沒為公司創造價值時，就是公司在拿錢養你，你得加速奔跑才能不被淘汰。

有人去健身房，假模假樣地跑步半小時，就立即上秤看是否減掉了十公斤。你用的是跑步機，還是甩肉機？

你是一粒種子，只經歷了春耕，尚未熬過酷暑，就想著結果，能結出什麼樣的果？

所以要立長志，而不是常立志。

我一番慷慨陳詞，小雄也不抬頭，只顧著低頭吃盤子裡的紅燒肉。

「紅燒肉好吃嗎？」

「好吃。您也來幾塊，別一直說呀！」

「會做紅燒肉嗎？」

「不會。」

「會吃不會做。見過誰做嗎？」

「見過，我媽經常做。」

「紅燒肉下鍋就能熟嗎？」

小雄想了想，然後夾起一塊紅燒肉，送進嘴裡，細細品了一下，說：「紅燒肉做起來還挺複雜的，選肉，汆水去腥，醃製，開火燒油，加調料，小火慢燉，再起鍋收汁，最後才大功告成。」

看著吃得津津有味的小雄，我內心不禁感歎：「是呀！人生，就像一盤紅燒肉。需要持續努力才能精彩，慢燉的紅燒肉才能色香味俱佳。」

他也若有所思地看著我，不知道是看懂了我在想什麼，還是在回味口中的紅燒肉。

三

吃完了紅燒肉，我問他：「紅燒肉這麼好吃，還想死嗎？」

他搖搖頭，說：「不想了！沒想到當老師這麼好，還能每天吃紅燒肉。」

「沒出息的樣子，怎麼就知道吃？」

「老師，我還有個小問題。相比以前，我已經很有出息了，但每次努力時總會不自覺地把自己跟身邊的人比，比如剛才提到的室友，他各方面都比我強。雖然知道應該跟自己比，但還是不免會受到影響。怎麼辦？」

我邪惡地笑了一下，說：「給你出個招，回去做個小木人，寫上室友的名字，然後心裡不平衡時，就扎一針！」

「老師，您又開始不正經了。能給點正常的建議嗎？」

「你不笨，只是荒廢自己太久了，不過現在開始追趕，還不晚。追趕厲害的人，最終你也會成為一個厲害的人，甚至超越他。」

小雄悻悻地低下頭，問了一句：「我就怕努力了，還是沒有別人厲害，怎麼辦？」

我笑了笑，一本正經地說：「即便最終你沒有超越厲害的人或成為像他一樣厲害，但追趕厲害的人的過程足以讓自己變得更優秀。」

如果你是一個以別人為目標而活的人，即便努力，獲得的痛苦也會遠遠多於快樂。

那天的陽光很好，我看到了小雄臉上的釋然和堅定。

四

不管我們是否願意承認，我們的身邊就是有人天生麗質，偏偏家境還好；有的女孩雖然貌不驚人，偏偏就能結交上高富帥；有的人已經優秀到「令人髮指」，偏偏還比你努力百倍；有的人明明一大把年紀了，偏偏還能裝嫩而且還裝得很可愛……

有沒有這樣的同學？小學、初中、高中和大學，讀的都不是重點學校，在班裡成績也一直很平庸，也沒什麼才藝，長得也不夠漂亮，屬於普通得不能再普通的人。

其實，你我都是普通人，可能用盡了畢生的力氣，你我還是個普通人。

你改變不了這個世界的時候，請你選擇努力，讓自己更優秀。

如果依然無法超越別人，那就請你保持良好的心態。別人用一年做成的事情，你用二年；別人用五年做成的事情，你用十年；別人十年做成的事情，你用二十年。實在不行，就保持身體健康，心情愉快，先一個個送走他們，你最終還是會成就自己！

雖然我們不能所有事都心想事成，也不可能想做什麼就做成什麼，但我們依然要去努力做點什麼。我們來過，就要在這世界上留下點東西。

最後分享一首小詩，給每一個平凡但努力的人。

If you can't fly, then run.
If you can't run, then walk.
If you can't walk, then crawl.
But whatever you do, you have to keep moving forward.
（如果你不能飛，那就努力奔跑。
如果你不能奔跑，那就努力行走。
如果你不能行走，那就努力爬行。
但無論你做什麼，永遠不要停下前進的腳步。）

07

當父母催婚時

聽說過這樣的家長嗎？跟防賊一樣防著孩子戀愛。初中時，對孩子說：「不要早戀！」高中時，告訴孩子：「戀愛會影響聯考。」讀大學後，告誡孩子：「現在談戀愛，畢業了也不得不分手。現在要以學習為主，考上研究所，自然就有對象了。」

問題是：「自然」在哪呀？

一個學生對我說：「我都是研究生了，我媽還不讓我談戀愛。唉，真是服氣了，你沒能力給我的，也絕對不允許別人跟我一起打拚嗎？石老師，心好累。」

我說：「你媽又沒有二十四小時盯著你，你就不能陽奉陰違嗎？課白聽了？怎麼就一點心機都沒有？」

讀書時不讓談戀愛，畢業就催婚。

很多父母，聯合七大姑八大姨成立「催婚協會」。你剛畢業，就開始催你找對象，還要有房、有車、家境優渥、父母脾氣秉性好、長得好看、工作體面……

可是，這麼合適的結婚對象，能從石頭縫裡蹦出來嗎？

更關鍵的是：他們說合適就合適喔？結婚的人又不是他們。不一樣的爸媽，一樣的催婚。

父母催婚的本質有兩點：首先是他們給你的建議——早結婚，不再孤單；其次是為了滿足他們的期待——你能享受家庭生活的幸福，他們也能迎來孫輩，享受天倫之樂。

這本身沒有錯，但不管父母怎麼催，你不要也不能為了父母的願望，綁架自己，犧牲青春。

我的表姐，一位白富美，高知識青年。小學、初中、高中、大學、碩士、博士，一心放在學習上，成績名列前茅；重點小學、重點高中、吉林大學本科碩博一路開掛，直到畢業。

畢業後任職於某高校，上班第一天回家，小姨就開始催婚。

表姐說：「不用催，你們的心情我理解，但千萬別逼我，逼急了我就去國外再讀個博士，五年後我們再商量。」

小姨笑了笑，說：「不催就不催，但這件事，你還是要放在心上，雖然知道你不愁嫁……」

後來，過年時，我去他們家拜年。

聊天時，小姨嗑著瓜子，冷不防問表姐：「初中那時候，送你回家被我撞見的男生，還有聯繫嗎？要是還有聯繫，記得多聯絡聯絡哦……」

表姐一臉懵懂地說：「媽，您說的是誰呀？」

「就那個小夥子，高高的、白白的，挺斯文的……」

表姐想了想，開始翻箱倒櫃，把小學、初中、高中甚至幼稚園的畢業照全部找出來，一個一個逐一審查，搜索未來姐夫。

最終，表姐的姻緣是圓滿的。據說就在那天，送走了親戚後，小姨和表姐通力合作，透過翻看畢業照篩選出了後來的姐夫——她同為博士畢業的小學同學。

二

聽說過這樣的孩子嗎？

青春期，老跟父母、老師唱反調，蹺課、去網咖打遊戲、打架、抽煙、喝酒、混日子、調皮欠打、調戲女生；跟父母吵架後，離家出走，搞失蹤。

我讀高中時，還聽說一個同學被警察叔叔抓起來後被學校開除了，因為他和幾個社會青年一起去色情場所做「大保健」。

我在青春期，也做過一些荒唐的小事。比如跟父母吵架後，為了發洩，就用開水把院子裡新栽的果樹澆一通（跟電視上學的）。

叛逆就是「拗」、「跟你唱反調」，你讓往東我偏往西，你讓左轉我就要右轉。

成熟是內心有定見，你說往西，我繼續往東；你說往東，我還是往東。

曾經一個剛畢業的女孩問我：「成年人與父母的衝突，怎麼應對？類似催婚，甚至逼婚。」

我說：「你從了他們吧，畢竟你白吃白喝，寄人籬下。」「那不行，我還想瀟灑幾年。」

「萬一，你媽讓你相親的人是個優質潛力股，錯過了豈不可惜？」「我不僅不急著結婚，連戀愛都不著急談，我有更重要的事要做。」「但是，你努力做事，也不耽誤談戀愛呀？」

「我不想委屈自己談低層次的戀愛；寧可單身，也不願將就。」

「那就行動，也讓父母知道你的夢想，看到你的努力，知道你的心意……」

當你和父母想法衝突時，你要理解他們是在以自己的方式期待你幸福，而你也要懂得用自己的方式追尋幸福。

三

如果你因父母催婚而火冒三丈，覺得自己的愛情觀被侮辱了，很有可能你的生活也是一團糟。

如果你把自己的生活過得寸草不生，怎麼能讓父母不擔心你？別人嫁人是嫁人，你嫁人是「嫁禍於人」。

想不讓父母催，你得自己先爭氣。

我的一個姐妹，父母從不催婚，還建議她晚婚。別人問起她父母孩子的婚事，他們總說：「我女兒很優秀，不愁嫁。」姐妹自己也說：「不想結婚，談個戀愛就行了，身體和靈魂都有人陪；結了婚，就不是兩個人的事了。」

我問：「你打算什麼時候結婚？」「四十歲之前不考慮。」

一年之後，她發了喜帖，說：「在我二十七歲生日那天，相戀三年的男友突然求婚了，我一時糊塗，就點頭了。」

有句話，怎麼說來著？嘴上說不要，身體卻很誠實。

我想，很多人口口聲聲說不戀愛、不結婚，多數原因是沒有合適的人求愛、求婚吧？

自身優秀，可能嫁得圓滿；自身不夠優秀甚至一團糟，如果有人願意「接手」，你就偷著樂吧，畢竟是「嫁禍於人」呀。

你是嫁人，還是「嫁禍於人」？

不管怎樣，如果你母胎單身，那就多努力點吧。當你足夠優秀時，自然有人注意你，而你也可以更自信地站在喜歡的人面前，去接受或爭奪屬於自己的「奶狗」。

08

家，有時候不是講道理的地方

一

放寒暑假回家，第一週，母慈子孝；第二週，雞飛狗跳；第三週，愛恨交加；第四週，蹦蹦跳跳，終於要離家歸校。

還有同學說，如果把「週」換成「天」，就是我假期在家更真實的寫照了。其實，家中還有一大奇觀，就是父母吵架。

居家學習時，除了環境舒適容易導致的注意力不集中和效率低下，更大的挑戰還在於父母爭吵時產生的噪音。

怎麼辦？

嘗試溝通，學習溝通技巧，成為溝通高手，當然是長遠之計。但遠水解不了近火，而且有些家長的觀念和習慣，早已根深蒂固，即便你嘗試和他們溝通、講道理，結果可能也是如蚍蜉撼樹，於事無補。

冷靜下來仔細想想，父母之間或你和父母之間為什麼吵架？很多時候，都是一些雞毛蒜皮、根本不值得吵的小事。

我媽讓我爸打開一個包裝精緻的紙盒子，我爸半天也沒弄開。

「你智商怎麼這麼低？連個盒子都打不開。」

「你能不能好好說話？怎麼說話這麼大火藥味？」

「我怎麼了？說你不對嗎？這麼大一個男人，還不能說幾句？跟你說話真累！」

「你這說話方式，真懶得理你！」

「我才懶得理你呢！不想理，離婚好了！……」

我嘗試跟我媽媽講道理，我說：「媽，請您以後說話時，別總貶低別人。」

我媽瞪著小眼，反唇相譏：「你怎麼跟你爸穿一條褲子？還是我兒子嗎？」

我頭轉向了我爸爸：「爸爸，您也真是的，我媽說您兩句，您就受不了，還是個男人嗎？」

我爸怒氣沖沖要揍我，我媽笑得花枝亂顫！

看到了嗎？父母有時很孩子氣，他們雖然養孩子，但有時自己也像個孩子，孩子氣是不分年齡的。

這個世界任何地方都會和你講理，唯獨家不是講理的地方，對家人多點耐心！道理講不通，只能講「情」了——「親情」的「情」，何況你也是人在屋簷下。你可以對很多人不講「情」，但要對家人、愛人講「情」，因為愛。

講「情」，就是包容，沒有包容之心，道理再多也講不通。而且，比講道理更難的，往往是包容，道理源於理智，而抱怨源於愛。

除了建議家人、愛人之間要包容，我還是引用桃樂西亞·迪克斯的名言來提醒大家一件事：「那些刻薄傷人、極盡侮辱之能事的話語往往來自我們的家人。這一真相令人震驚，然而事實的確如此。」

好好說話很重要，無論是跟家人還是外人。

曾經有同學問我：「父母老吵架，應該怎麼辦？」

我不是這方面的專家，但最近我看到了一個名詞，叫「動態平衡」：有時候，表面上看起來老倆口在吵架，似乎不太和諧，實質上他們在吵架中維持動態的和諧。如果他們的爭吵已經延續了幾十年，那麼他們其實早就習慣了。

有時候，我感覺父母是吵著玩，我就慫恿他們離婚，我爸就罵我：「看熱鬧不嫌事大！」我還說，如果他們離婚了，房產都歸我，請他們兩個放棄所有財產；然後他們就掉轉槍口對我開火，說我沒良心，他們養了個忘恩負義的傢伙。

如果實在想管的話，我建議你去請求外援，比如：下次他們再吵架時，錄下影片，然後發個朋友圈貼文求助（設定成親戚可見但父母不可見），讓親戚來幫忙調解。

如果可能，也請父母讀讀關於婚姻或人際方面的書，比如卡內基在《人性的弱點》中就提及幸福家庭生活的七個法則：「別嘮叨了」、「不要試圖改變對方」、「請勿責難」、「真心誠意地欣賞對方」、「細微之處見真情」、「謙和有禮」、「讀一本解析婚姻中性事的好書」（這一項是針對夫妻的）。

09

真正聰明的人，都懂得敬畏專業

一

去年，有個同學來向我求助，徵詢我的建議。

她準備考研究所期間，媽媽意外懷孕，也確實想要生第二胎；爸爸不得不更努力賺錢養家；她呢，在家第二年準備考研究所，考研究所初試的前一個月，正好是媽媽第二胎的預產期。

媽媽畢竟是高齡產婦，產前體檢、陪產、產後護理，各種事情她都要操心，身心俱疲，一度想要放棄考研究所，問我怎麼辦。

我說：「你生過孩子嗎？」她說：「沒有。」

我問：「你學過產科或護理知識嗎？你照

顧過產婦嗎？」她說：「沒有。」

我說：「你看你什麼也不會，乾著急，幫不上忙吧。操心是應該的，但能不能幫上忙的關鍵是你有沒有這方面的知識和技能。當然，你可以學，但你能保證一學就會嗎？即便學到了知識，能確保實際操作不出偏差嗎？你去照顧生第二胎的媽媽，等於是拿她當白老鼠。」她問：「那該怎麼辦？」

我說：「破點財，跟你爸媽商量商量，花錢請個專業的月嫂照顧你媽媽，多花點錢，買個安心、放心和舒心，畢竟人家就是專業做這個的。你媽媽這輩子還能生幾個孩子？所以，這個錢要花，是花在需要的地方了。」

她聽我一番規勸後，高高興興離開了。

雖然我也不知道這位同學後來初試成績如何，但我知道，她如果請了專業的月嫂來幫著照顧媽媽，一定比她自己照顧好，而且她也可以騰出時間，專心地準備考研究所。

關心但無能為力、乾著急使不上力時，就應該請專業的人來做專業的事。

二

當你進入一個新領域時，如果只依靠自己的苦苦摸索，結果多半是事倍功半，而且你也實在沒有必要把別人踩過的坑，再用自己的肉身踩一遍。

我剛當培訓老師時，就不知道怎麼把課講得生動高效，該怎麼辦？一個前輩賤兮兮地告訴我一個字：悟。我仰望星空，俯視大地，也沒能悟出路在何方。

後來，我想明白了：要嘛就不學，要嘛就跟著最厲害的人學。

於是，我就先把所有知名老師的課程全部買下來（一部分是免費下載），然後開始聽，邊聽邊記筆記，筆記的內容不僅是知識，還有笑話、節奏、課程設計、語氣把控等。

然後就是講課。當我真正講課時，又發現別人的東西終究是別人的東西，有些內容你可以複製，但無法移植到自己身上。

怎麼辦？

我決定請「外腦」。這是我發明的詞，請「外腦」的意思，就是請求週邊的大腦說明。

我先找到之前的學生，請他們吃飯。之後，找個空教室，開始給他們講課，然後請他們提意見、提需求、提期望——初步瞭解客戶。

但學生可能聽不出門道，你給他講個黃色笑話，他笑笑，覺得你幽默風趣。但關於課堂知識內容，還是提升不了，怎麼辦？

繼續請「外腦」。

我利用所有能利用的機會向身邊更優秀的高手請教，主動邀請他們來聽課，不斷探討，從點到線再到面。比如，我多次主動找講閱讀的尹延老師來聽我的寫作課，他提了很多學生想不到的建議。

總結一下我的個人經歷：職業的前多半段（八〇%左右），找專業行家來做「外腦」，機率勝於獨自一人的胡闖亂撞。

剩下的二〇%怎麼辦？沒有人能幫助你徹底解決所有的痛點。有些痛點是我在聽別人的課中發現的，有的是別人給我提建議時發現的，有的是我自己在教學中尚未解決的，怎麼辦？

陸遊說：「汝果欲學詩，功夫在詩外。」

除了讀透專業經典書籍、聆聽行業大師的聲音，每個行業（至少是教師行業）還需要涉獵其他領域的知識，比如管理、溝通、演講、心理學，甚至還要定期給學生灌點「雞湯」，增加他們學習的動力。

三

電影《中國機長》是根據真實事件改編的故事。

當時客機在上萬公尺高空飛行，駕駛艙的擋風玻璃突然破裂脫落，飛機上有一百多名乘客，為了帶他們安全回家，機長挑戰人類身體極限（攝氏零下四十多度的高空低溫），艱難地進行手動駕駛，最後把飛機安全降落在成都機場。

電影中，有個橋段令人印象深刻。

當乘客知道飛機故障時，艙內一片恐慌和混亂，尖叫聲、哭喊聲、叫罵聲，亂成一片。

有名乘客甚至要衝進駕駛室，他質問：「機長是怎麼開飛機的？我要見機長……」

此時，乘務長站出來，極其冷靜地問了一句：「飛機給您，您會開嗎？」

乘客吼叫道：「我害怕回不了家，我不想死！」

乘務長繼續說：「你這樣根本回不了家，還會害了全機艙的人。你要相信我們的機長，從飛行員到乘務員，我們每一個人都經歷過日復一日的訓練，就是為了保證大家的安全。我們需要你們的信任。」

聽到這幾句話，機艙內所有人都安靜了。

電影的最後，飛機安全著陸了。那一刻，我想，包括那個咆哮的乘客在內的所有乘客，一定懂得了四個字——敬畏專業。

真正聰明的人，一定懂得敬畏專業，請專業的人來做專業的事。這就像你要做個心導管手術，你不去求助專業的醫生，難道要在網上搜索，自己動刀嗎？

10

給生活埋幾顆「彩蛋」

一

古典老師在《你的生命有什麼可能》中說：「一旦一個人把是否『有用』作為事情的唯一評價標準，那麼這個人活得無趣就天經地義。」

當你活得太「有用」時，「有趣」就離你愈來愈遠。

我剛來北京時，過得窮困潦倒，那時覺得最有用、最靠譜的真理只有一條：多賺錢。於是，我瘋狂講課，把能用來賺錢的時間全部用來賺錢。結果，幾年下來，身體虛胖很多，賺到的錢很少，都是辛苦錢。

你太看重什麼，你就會成為什麼的奴隸。

實現財富的最大化，當然沒錯，但如果只盯著賺錢而忽視了成長，最後一定賺不到錢。

如果你的工作重複性高，還很忙，可能就是瞎忙、窮忙。有時，你甚至會陶醉於這種忙碌所營造出來的虛假成就感中；但仔細想想，重複性的工作，一遍遍做，你能有進步嗎？

無論你多忙，請給自己的生活埋幾顆「彩蛋」，比如：花時間獨處。獨處，不僅是為了休息，也是為了反思和規劃，從一堆忙碌的事情中釐清最有價值的事情。

今天，我這本書中絕大部分的文字，都是在時光的留白中，邊喝小酒，邊動筆寫下的（在此特別感謝尚龍老師送我的酒）。在獨處的自由時光裡，我嘗試了生命中從未想過的另一種可能——寫作，然後就有了今天的這本書。

無論你多忙，請給自己的生活埋幾顆「彩蛋」，比如：花時間娛樂。以前，我瞎忙窮忙，不給自己太多休閒娛樂的時間，貌似很勤奮、很勵志，但犧牲的是健康、效率，得到的是壓抑和苦悶。

英文中，「recreation」一詞表示「娛樂」或「消遣」，其中字首「re」表示「再一次」，「creation」表示「創造」，所以，我猜想「recreation」表示「娛樂」的本意是想說：娛樂是再次創造自我的過程。

獨處時的娛樂，自得其樂，創造新的自我。

與朋友一起娛樂，打球、KTV裡對酒當歌，創造的是親密的友誼和釋放壓力的灑脫。

與愛的人一起娛樂，去看大海、曬日光浴、爬山，創造的是溫馨浪漫的愛情。

娛樂只要適度（比如喝酒但不酗酒），就會幫助你成為一個會玩且有趣的人。

我相信，你一定聽說過一句英文：「All work and no play makes Jack a dull boy.」（只工作不玩耍，聰明孩子會變傻。）

二

「中年滯銷書作家」李尚龍說，無論你多忙，請給自己的生活留幾顆「彩蛋」，比如：改變自己，留點後路。

世界很殘忍，你現在很好，並不代表將來永遠不受傷害，因為幹掉你的並不一定是你的對手。

我有個朋友，前些年生意興隆，家底殷實，是華北好幾個城市的泡麵品牌經銷商。

去年，幾個朋友和他聚會時，他感歎生意愈來愈不好做，我問：「為什麼突然之間就不行了呢？」

他反問我：「你有多久沒吃泡麵了？」

我想了一下，說：「昨天剛吃過，因為知道今天要見你，怕被你問。」

他哈哈大笑，說：「真夠哥們，但你上上次吃泡麵是什麼時候？」

我說：「記不起來了，但應該至少是一年前了。」

他接著問：「平時不吃泡麵時，你吃什麼？」

我說：「外送。」

他說：「你現在知道了吧？幹掉泡麵行業的不是泡麵自己，而是外送，跨界打擊，顛覆和毀滅性的替代。」

那天，他分享了泡麵行業的一些現狀：統計資料表明，泡麵這個行業的產量和銷量，正在以每年幾十億包的速度銳減。

因為有外送，曾經廣受男女老少歡迎的泡麵產業，遭遇了前所未有的滑鐵盧。連續十八年暢銷的國民美食泡麵，如今銷量腰斬，因為有了外送。

自從有了外送，加班時、週末宅在家時、外出旅行時，大家不再吃泡麵，想吃什麼，手機下個單，直接送到身邊。外送快捷、品項豐富，雖然價格略高，但也能接受。

幹掉照相機的不是照相機自己，而是手機的跨界打擊，因為智慧型手機的拍照功能已經足以滿足一般的攝影需求了。

炒掉翻譯行業低端從業者的，不是翻譯行業，而是機器翻譯的跨界打擊。

導致大型商場銷量慘澹的不是商場之間的競爭，而是網紅、明星等直播帶貨的跨界打擊。

在這個科技產品高速反覆運算和產業鏈高度重疊的今天，將你打入深淵的往往和你沒有關係，跟你更沒有深仇大恨，但它就是把你拍死在沙灘上了。

劉慈欣在《三體》這部小說中寫了一句話：「毀滅你，與你何干？」這句話所蘊含的道理，值得所有人深思。你總要給自己的未來埋幾顆「彩蛋」，這樣才能在危機來臨時，有重新選擇的自由。

不要只是忙碌地活在當下，停下來想想，你的行業和工作被顛覆或取代時，你將何去何從，這也就是給未來埋顆「彩蛋」。

三

幾乎所有的不願改變，都源自對未知的恐懼。不知道能不能適應，不確定會不會更好，所以故步自封。

很多時候，猶豫不決，下不了決心，首先是懷疑自己能力不足，其次是因為沒有勇氣面對不確定的世界。

但你總要嘗試，總要賣命努力去爭取之後，才能知道自己到底行不行。

你不能再一成不變地瞎混日子了，年輕時，多給自己的生命留下一些「彩蛋」，在獨處時做點有趣的事，在積極的娛樂中享受青春的瀟灑，也嘗試勇敢地走出舒適圈去看看外面的世界。

第六部

我曾經是個文藝青年

01

曾經引以為傲的事，差點毀了我自己

考研究所和四六級成績公布了，很多同學在微博和微信上與我分享好消息。

身為老師，這是我們收穫的季節。陪伴了一個考試季，學生的好成績，也算對自己過去一年辛勤工作的肯定和讚許。

教過那麼多學生，幫助很多人取得了不錯的成績，幫助他們在未來創造了更多選擇的機會，甚至改變了他們的人生走向。無論從哪個角度看，這都應該是值得驕傲的。

但我真的高興不起來，因為我愈來愈深刻地感受到：那些曾經引以為傲的事，可能正在毀掉自己。

一

從二〇〇八年開始從事英語教學培訓，這些年我前後講授過托福、雅思、考研究所、四六級和中高考英語考試類寫作課程；後來，專注於四六級和考研究所的培訓。

因為專注和潛心研究，我的大腦中精準儲備著四六級和考研究所的考題和解題套路，授課時還能插科打諢地把知識、笑話和調侃糅合在一起，完成講授。甚至在個別年分，還能走「狗屎運」，押中或擦邊當年的考題。

很多同學在考研上岸或考過四六級之後，也會發來各種誠摯的感謝和誇讚的溢美之詞。這種成就感，有時讓人沉醉、引以為傲，甚至沉迷其中，覺得自己很厲害。

一個人一旦沉浸於這種精神世界的享受中，可能是走向沉淪的開始。打一個或許不太恰當的比方：這種享受，就像精神鴉片，讓人欲罷不能。

鴉片這種東西的可怕就在於吸食之後立即有快感，而且很容易上癮，讓人身體愈來愈虛弱但還是要繼續，直到被榨乾。

我有個習慣，幾乎每天都會在微博或微信上與學生互動，關注他們課前、課上和課後的評論和回饋。好評遠遠多於負評，就像吸食鴉片一樣得到了即時的精神享受，而且容易上癮，因為在自己的認知層面上，這件事還很崇高。

但偏偏是這件引以為傲之事，在一步步蠶食甚至毀掉我自己。這種令人痛徹心扉的感受，還要從一件小事說起。

這些天，工作之餘，我在看朋友送我的幾本紙本圖書。雖然譯者翻譯得很不錯，但讀起來依然沒有原汁原味的感覺。於是，我便從網路書店購買了電子英文原版來讀。

結果，你猜怎麼著？

首先，書中有很多既陌生又熟悉的單字，肯定背過但就是想不起什麼意思。這個感覺一出現，我心裡就嘀咕一聲：「完了！」

因為長期講授四六級和考研究所的課程，接觸的全是四六級和考研究所的詞彙，考試中沒怎麼出現過的單字，變得似曾相識！水準本來就不高，現在還嚴重下降了！

我狠狠地捏了捏自己的大臉，鼓勵自己繼續讀下去。結果，你猜又怎麼著了？

我一邊默讀英文句子，一邊情不自禁地開始了「三脫法」的長難句分析，中間還夾雜著寫作句子的自我講解。當時真的抽了自己一耳光，有點疼，沒捨得繼續下手。

但手心冒出的冷汗卻驚到了自己。是的，我手心冒冷汗了。習慣了享受教學的感覺，連讀書學習都擺脫不了思維的慣性。

再細細去想，這些年，除了教學，我還有其他本事見長嗎？如果英語四六級或考研究所取消了，我還能做什麼？

當然，你可能說，還不是因為你笨，因為你懶，誰攔著你讀英文原版書了？誰不讓你去其他領域學其他本事了？

只沉溺於做自己擅長的事情，就是在毀掉自己。只做自己擅長的事情，你的視野變窄了，也就無法創造更多的可能性。

二

幾年前，我還在大學教書，我所在學院的院長在聊天時告誡我：「小石呀，我挺擔心你的。」

我說：「沒事！郭老師，我能吃，能喝，能玩，能睡，能做好工作，您別太擔心我！」

郭老師笑了一下，接著說：「有一種東西，叫『捧殺』，就是在讚譽聲中讓對方迷失自我。別人誇你，你的潛意識裡就逐漸形成了一種自己很厲害的印象。愈是有人誇你，有人需要你，你就愈有成就感，就愈沉浸在這種享受中。然而，你做的事情，可能只是你擅長而已，僅僅只是重複做著同樣的事情而已……」

後面，還有很多話，我就假裝在聽了，心裡還嘀咕：這老頭杞人憂天吧？

再後來，我從大學辭職，投身線上教育行業，郭老師講過的話，早就忘得一乾二淨了。

有些道理，可能真的只有親身經歷後，才會有切身體會；有些坑，只有自己踩過了而且摔得鼻青臉腫，才能印象深刻。

今天，我把自己攤開在你眼前，希望讀到這篇文字的你，不要只做自己擅長的事情，即便這件事令你引以為傲，你也要嘗試去改變、去破局、去創造更好的自己。

所有的成長都來自舒適圈之外。

所有的不願改變，都源自對未知的恐懼。因為對未知的恐懼，導致你只選擇做擅長的事情。

對於改變，不知道能不能適應，不確定會不會更好，所以故步自封。

很多時候，猶豫不決，下不了決心，首先是因為懷疑自己能力不足，其次是因為沒有勇氣面對不確定的世界。

但你只有嘗試，只有賣命努力去爭取之後，才能知道自己到底行不行。何況，這個過程本身就是一種成長。

先做好自己擅長的事情，但不要只做自己擅長的事情。有改變的機會，就有機會改變。

02

我曾經是個文藝青年

一

我國中時的英語老師是個剛剛大學畢業的女青年，那時的她年輕、漂亮、溫柔，一下子激起了我學英語的熱情。

每次上課，我都會目不轉睛地盯著她看，很認真很專注。

有一次，我像往常一樣盯著老師看時，發現她也看了我一眼，然後白皙的小臉突然變得緋紅。

那個時候的我，還不知道自己其實已經在暗戀她了。

我們年輕時，會習慣性地因為喜歡一個老師而喜歡並努力去學一門課程，結果往往是只要你努力了，一般就不會差到哪去。

所以，國中時，我的英語成績還算不錯。雖然不是經常滿分，但也是經常接近滿分。

二

上高中後，英語老師換人了，我在失落的同時也有幾分期待，還會不自覺地把高中老師和國中老師進行對比（現在想想，在不同階段，其實沒什麼可比性）。

少年的我，多少有幾分戀舊情懷。

高中的英語老師是班主任，男的，不帥氣，不溫柔，也不重視我。那個時候選班級幹部和科目代表，不讓我當班長也就算了，我說：「能不能讓我當英語課代表？」

他頓了頓，說：「英語課代表已經安排了我們班的某某同學。」

看著我情緒低落的模樣，他接著說：「不過，英語課還缺一個副課代表，可以由你來擔任。」

我想了一下，副課代表好歹也是課代表，總比什麼也不是強吧。於是，就欣喜若狂地接受了。

班主任宣布幹部名單時，我才發現只有英語課有副課代表。而且那天下課後，還有同學笑話我：「如果是副班長，還有點面子；課代表，還是個副的，就他才願意當。」

那天晚上，自尊心極強的我，一晚上沒睡好，也想明白了一件事：除非課代表辭職、轉學、退學或讓賢，否則我這個副課代表就得一直「副」下去；與其這樣將就，不如選擇主動退出。

於是，第二天，我鄭重地找英語老師辭職，當然他也沒挽留一下就答應了。

三

從「領導崗位」上退下來的我，一度心情沮喪，於是開始了文學創作。

那個時候，讀得最多的就是武俠小說，讀著讀著，就發現很多作者的創作都是有套路的。凡是有套路的事情，就有套路可玩。於是，我嘗試自己動筆寫武俠小說。

我的小說男主角叫司馬斜，女主角叫歐陽莎莎。

之所以選擇這兩個姓氏，是因為武俠小說中很多高手都是複姓。男主角司馬斜的媽媽生他時，正值斜陽西下。

整個故事的情節也中規中矩，無非就是這樣的：

男主角深夜歸家後，發現全家都被砍死了。然後就是一群人開始追殺他，追到懸崖邊上。

司馬斜縱身跳下，不僅沒有死，還得到了一本絕世武功祕笈，還有一個老頭用自己的腦袋對著他的腦袋，把畢生功力全部傳授於他。

之後，就是復仇。

復仇的過程中，司馬斜不可救藥地愛上了仇人的女兒歐陽莎莎。這可怎麼辦？殺還是不殺？仇報還是不報？愛情要還是不要？

故事陷入死結之際，男主角意外發現仇人的女兒並非親生，而且仇人是道貌岸然的偽君子。

這一下，峰迴路轉，拯救了愛情，也拯救了人性。

最後，揭穿仇人的虛偽面目，並殺掉仇人，男主角帶著女主角開始浪跡天涯。

後來，這篇未能完稿的小說，被廣大讀者在自習課上傳閱時，遭到班主任沒收，最後付之一炬。

四

可憐我的處女作，連個書名都沒來得及起，就夭折了。

這大概就是當初我假裝文藝青年的開始吧，雖然後來也寫過一些不知所云的打油詩、求愛的情詩，還留過小山羊鬍子，穿過大碎花的褲衩和襯衣，想在假裝文藝青年的路上走走試試，但最終還是放棄了文藝青年之路。

如今，早已時過境遷，我即便再假裝，也成不了文藝青年。後來，我成了老師，雖然看起來不那麼正經，但多數時候，還是要裝裝樣子。

最近，閉門讀書寫字時，腦中偶爾還會回憶起假裝「文青」的時光。

希望你和我一樣，能在將來的某一天憶起過往的時光時，嘴角泛著微笑。

03

我在大學教書的日子

人的成長是一輩子的事情，成長的突破點可能就在於：從絕望中尋找希望。

一

二〇一〇年，我即將從研究所畢業。三月二十三日，我坐最早的高鐵來到北京，然後坐地鐵一號線一路向西，在八寶山站下車，然後招了輛計程車去北方工業大學參加試講。

上午十點，我來到了北方工大瀚學樓五樓一間語音教室。當我走進去時，發現裡邊已經有很多人等著參加試講。

略顯緊張的我，深吸一口氣，找到一個空位坐下來。

之後，我問旁邊的一位男同學：「這位同

學，您是哪個學校的？」那位同學看了我一眼，說：「我是北大的。」

我說：「北大挺好的。」

旁邊還坐著一位女同學，我又問她：「這位同學，您是哪個學校的？」

她說：「我是香港中文大學的。」我說：「這個學校也挺好。」

那個女孩子問了我一句：「你是哪個學校的？」我說：「我是河北師範大學的。」

她說：「河北師大？也挺好！」

那一刻，我有點緊張，心情糟糕，甚至有一絲絲絕望，腦子裡瞬間想到了一句話：「石雷鵬到此一遊。」

但片刻之後，我的心情突然變輕鬆了，他們都是厲害角色啊，能跟他們同臺競技已屬榮幸，輸了也沒什麼損失。於是告訴自己放手一搏。

在接下來的試講中，我用無比輕鬆的心情和無比流暢的語言，順利講完了二十分鐘的內容，中間還講了一個笑話，那些聽試講的老師聽了哈哈大笑。

上午的試講結束後，我在出電梯時，又碰到了那位北大的小夥子。我問他：

「有沒有通知你下午的面試？」

他說：「沒有。」

我說：「通知我了。」

下午，我就繼續參加了後面的幾輪面試，直到後來被通知錄用。當然，我也不敢說自己比那天同場競技的人更厲害，但如果沒有放手一搏，我想即便機會砸到我頭上，我可能也接不住。

所以，親愛的你，當你絕望時，請你一定要再咬牙堅持下去那麼一下下。

二

到職的第一天，我的主管——公共英語系主任高越老師找我談話。

高老師語重心長地說：「把你招進來，我的壓力還是很大的。」我說：「為什麼呢？」

他說：「因為在面試時，我沒有要那個北大的，也沒要香港中文大學的，偏偏要了你。所以，如果你以後做不好，那就說明我在招聘時看走了眼。」

我立即擺出「士為知己者死」的姿態，信誓旦旦地向主管保證一定好好做，最起碼不讓主管臉上掛不住！

最後他還補了一句：「你知道，為什麼把你招進來嗎？」我搖了搖頭。

他說：「因為你是個男的，我們今年傾向於招男生，而且你居然試講時比那個北大的小夥子表現還好。其實，試講時都是『盲評』，評委不知道你們的畢業學校。會不會錄用，主要是聽試講和看綜合表現，所以結果相對公平。」

我問：「為什麼傾向於招男生呢？」他笑了笑，說：「慢慢你就懂了。」

是的，後來我真的懂了：我們那個教師辦公室陰盛陽衰，缺乏壯漢勞動力。一共三十二位老師，其中有二十九位女老師，三位男老師，我進去之後就成為第四位男老師。

我到職教了一個月課後，學生普遍反應還可以；當年過了國慶日，高老師找到我說：「不好意思，小石，我們辦公室的呂老師懷孕了，她的課你要幫忙代一下。」我說：「沒問題。」

二〇一一年，高老師又找到我，他說：「我們辦公室的汪老師懷孕了，她的課你要幫忙承擔一下。」我說：「沒問題。」

二〇一二年，我們辦公室的牟老師懷孕了，高老師又找到我，他說：「小石呀……」

我說：「我知道了，沒問題！」

二〇一四年，高老師再次找到我，他說：「我們辦公室的謝老師今年五十五歲了……」

我問：「懷上了？」

他說：「那倒不至於，她的女兒懷孕了，她申請提前退休幾個月，回家去照顧生小孩的女兒，所以她的課還要辛苦你來代一下。」

我說：「沒問題。」

然後，我就有了「孕婦之友」的稱號。很多人問我：「這樣拚，難道你不累嗎？」

答案是我當然很累，但是那段日子，是累並享受著。長期以來，判斷一份工作是否值得去做，我有三個標準：

第一，看這份工作有沒有帶給自己很大的成長空間，能否讓我學到很多東西；第二，看這份工作是不是自己喜歡做的，喜歡才肯為之付出；第三，看這份工作會不會給自己帶來不錯的經濟回報。

如果這三點同時滿足，算一份理想的工作；如果能夠滿足其中的兩點，是一份好工作；如果能夠滿足其中的一點，還能湊合著做下去。

如果說三點都不滿足的話，繼續做下去就是在混日子，混日子無非就是兩種結果：要嘛就是你辭掉工作，要嘛就是工作把你辭掉。當然，你也可以選擇一直混下去，這樣遲早會把自己混成一個廢物。

當時的累和忙碌，給了我很大的成長空間。也是在那段時期，我透過不同的反覆教學，磨練出了自己的一些教學技能。

04

畢業後，為什麼一定要去大城市？

一

這個世界上，從來就沒有什麼從天而降的幸運，但這不妨礙有的人一直保持相對的幸運，比如，我最熟悉的人，Sky。

讀大學時，Sky 資質平庸、懶散、沒什麼上進心，但幸運的是，有人帶著他、拉著他往前奔跑。

拉著 Sky 往前跑的人，是他的室友、睡在上鋪的兄弟 Peak。Peak 就是那種比別人優秀，還比別人努力百倍的人。

Peak 的人物設定接近完美，他勤奮、刻苦、品性敦厚、有才有德、嗓音渾厚。如果說 Peak 有缺點，只能說他沒有好看的皮囊。Peak 確實相貌平平、個子不高、不威武、不雄壯，而且因為不喜油膩、不吃甜食，總是瘦骨嶙峋。

Peak 去自習室或圖書館時，總會喊上室友。可惜，其他室友都有女朋友，有愛情的人，誰還天天跟室友一起混？

Sky 呢，很長一段時間也沒有女朋友，所以每次 Peak 喊大家去念書時，Sky 就說：「看你楚楚可憐，連個女朋友都沒有，我委屈一下自己，跟你一起去吧。」

聽到這樣的話，Peak 總是一臉冷靜又溫柔地說：「別瞎說了，等老子有女朋友了，誰還叫你一起吃早餐上自習？」

其實，德才兼備、靈魂有趣的三好學生 Peak，深得同年級、低年級和高年級很多女生的垂青，但奈何 Peak 的一顆「芳心」早有所屬。他愛慕的女生是班長，也是學習成績最好的女生，姓馬，大家管她叫小馬姐姐。

說起這位小馬姐姐，也有幾分傳奇。她聯考第一年就考進了九八五（一流名校）學校，但不喜歡所選的科系（建築），強忍半年後，退學重新參加聯考；二戰依然高分，雖然後來錄取的學校不如原來的好，但她進了喜歡的英文學系。

Peak 對小馬姐姐一見傾心，再見傾倒，愛慕至極，睡覺時在夢裡都會念著人美聲甜的小馬姐姐，還有她讀英文時的倫敦腔。

Peak 暗戀小馬姐姐三年，倒也不悲不苦，因為小馬姐姐也一直單身，兩個人還互為競爭對手，專業成績始終是伯仲之間。

大四第一學期開始，學校開啟了校內研究所推免（俗稱保送）。那天，Sky 正在宿舍睡午覺，一陣急促的手機鈴聲響起，輔導員老師通知他下星期參加保送研究所的測試。

Sky 一臉懵懂，因為昨天剛看了學院公布的保送條件，他的專業成績排在小馬姐姐和 Peak 之後，名額有限，他沒資格。

Sky 這哥們也沒打算考研究所，他做了簡歷，準備找工作。接完電話，Sky 揉了揉眼，捏了捏臉，清醒了幾分，又翻看了剛才的電話號碼，確實是輔導員打來的。

怎麼回事？Sky 起身，把睡在上鋪的 Peak 捏醒，問他：「我剛接到學院通知，去參加保研考試，沒通知你嗎？」

Peak 同學連眼也不睜，說：「通知了，怎麼了？」

Sky 說：「不對呀，名額只有一個，有保送資格的應該是你或小馬姐姐。」

Peak 說：「我放棄了，想考個自己想去的學校。」

Sky 又說：「還是不對呀，你放棄了，還有小馬姐姐，難道……」

Peak 坐起來，臉上露出了一絲甜蜜又詭異的笑，說：「我們倆都放棄了。」

Sky 看著 Peak 一臉的「騷氣」，好像明白了點什麼，於是大聲問：「快說，你們倆是不是有好事了？」

Peak 起身跳下床，說：「我倒是希望發生點好事，可惜了！」

Sky 繼續問：「那你怎麼知道小馬姐姐也放棄保研資格了呢？」

Peak 一邊穿鞋一邊笑著說：「你個『二楞子』，她要是沒放棄，怎麼會通知你呢？」

就這樣，Sky 這個傢伙，本來沒有保送的資格，但第一名放棄了保送，第二名也放棄了，他是第三名，機會就這樣砸到了他頭上。

既然有機會，那就試試吧，Sky 抱著「得之我幸，失之我命」的心態參加了保送選拔，最後還就保送成功了。

那天晚上，宿舍的幾個哥們躺在床上閒聊，其中一個說：「Sky，你走了狗屎運呀！要是Peak和小馬姐姐沒放棄，保送怎麼會輪到你？」

雖然那個哥們說的是事實，但Sky聽完心裡還是有點彆扭。好在Peak情商高，他笑著說：「Sky能保送研究所，憑的是實力，保送可不是誰想保就能保上的。」

後來Peak和小馬姐姐都考上了北外研究生，Peak也在一個月黑風高的夜晚，鼓足勇氣向心上人表白了。

據Peak說，被表白後，小馬姐姐質問他：「你這小子，之前都在做什麼？喜歡為什麼不早說？害我單身這麼久。」

那一刻，Peak有點暈了，甜蜜的心在風中淩亂了。

二

讀研究所期間的某天，Sky睡午覺時被室友叫醒了，室友和幾個同學要去參加當時一家很厲害的培訓機構的招聘面試，他們問：「你去嗎？」

Sky揉了揉眼，想了想，說：「去吧，反正下午也沒事。」

結果，那次面試，邀他去的人沒面試上，Sky卻因講課時略帶幽默，最終被錄用。Sky還算有點良心，用兼職賺到的錢，請落選的幾個哥們喝了頓酒。

再後來，Sky研究所畢業想回老家的大學謀一個教師的職位，結果要嘛簡歷石沉大海，要嘛招聘單位的主管直接告訴他或間接暗示他，很多職位已經「安排」好了。

無奈之下，Sky就上網給北京的幾所大學投了簡歷，回信的雖然寥寥無幾，但終究是有幾所大學給了面試的機會和希望。

不得不說，在就業方面，小城市裡人情關係難以避免。反之，大城市裡，尤其是一線城市裡靠的，多半還是個人能力。

Sky一開始並不知道這一點，所以在二三線城市兜兜轉轉，浪費了好多時間；所幸他並沒有死守二三線城市的就業機會，而是抱著試一試的心態，來到了大城市。

後來的結果還是蠻不錯的。Sky面試了四所大學，其中有三所大學給他發了

offer（錄取通知書），然後他就選了其中自認為最好的一所。

一切才剛剛開始，一線城市的競爭更激烈，壓力更大，節奏更快，但機會也更多，成長更快，更重要的是，在一線城市，會有機會結識更多更厲害的人，眼界和視野，就此也更開闊了。

後來的 Sky 不僅在大學站穩了腳跟，還在兼職的培訓機構成為小有名氣的人物。

曾經有段日子，Sky 以為自己的一生也就這樣了：享受大學的穩定安逸，同時兼職賺點外快。但平淡的生活，在有大風大浪的地方，總不會永遠平靜。

Sky 在培訓機構的同事 South，拉著他一起創業投身線上教育，又殺出了一片新的天地。不僅如此，Sky 的戰友 Longer 老師野心勃勃，又闖入文學創作和影視文藝圈中。

朋友的朋友，也可能成為朋友，就這樣，Sky 踩著「巨人」的肩膀，視野不斷被打開，思想觀念也不斷被衝擊和改變。

Sky 的身邊，淨是一些有著不安的靈魂、新奇的想法，賣命努力、無比優秀、敢闖敢拚的人。很多時候，**我們自己雖然不夠厲害，但只要選擇始終跟著厲害人物奔跑，時間久了，有天也會成為厲害的人**；即便最後沒有成為厲害的人物，但追趕強人的過程中，至少會讓自己變得更好、更優秀。Sky 曾經無數次遐想過，如果不是來到大城市，現在的他，可能就是一名鄉野村夫，每天日出而作，日落而息，閒時坐在街邊，抽口小煙，喝口小酒，看看街頭的人間煙火。當然，這沒有什麼不好，但總覺得，人生一世，就這麼過，好像少了點什麼。

三

今天，一個同學在微博上問我：「老師，我畢業找工作，有兩個選擇：一個是回家鄉，工資雖然不高，但有穩定安逸的生活和工作；一個是大城市，收入略高，但將來生活壓力可能比較大，畢竟一線城市的生活成本更高，壓力更大，尤其是房價。我該選哪一個？」

我說：「這件事，沒人能給你標準答案，但 Sky 的經歷，可以供你參考。他是小鎮青年，到城市裡念高中，再到二線城市讀大學，最後殺到一線城市，人間的疾苦、辛酸和喜樂，都經歷過。即便不是完美的機會，也是機會，有機會改變，就請你抓住機會去改變。」

最後說一句，不要在年紀輕輕的時候，就想著能不能買得起房子這類遙遠的問題。現在年輕的你，成長比買房更重要。當然，如果你爸媽有能力給你買房，也沒必要拒絕；如果你爸媽沒有這個能力，也沒必要頹廢，請你立志，壯大自己，讓爸媽跟著你享福吧。

扯了半天，最後要補充說明一下：我之所以如此瞭解 Sky，因為 Sky 就是我，我的中文名叫石雷鵬，英文名叫 Sky，as pure as sky（像天空一樣純淨）。

05

多少無知罪愆，事過不境遷

又是一年兒童節，朋友圈裡，很多成年人在裝嫩，慶祝不屬於自己的節日。

多數人的童年記憶，是滿滿的幸福。但也有人的童年記憶裡，除了快樂，還有陰影，比如我。

一

兒時，我是個胖小子，且皮膚黝黑到發亮。

同班同學中，有個成績好但嘴賤的傢伙，給我起各種外號（不具體說是什麼了，反正不是好詞），更可惡的是他還教唆好多人跟他一起喊。

在經受了幾番「淩辱」之後，我忍無可

忍，開始跟他打架。但正面交鋒後，我發現自己是真打不過他，他的拳頭號稱「全校最硬」。

當時，電視裡經常播放一些武俠電影和電視劇，心機頗深的我，悄悄模仿劇中的武功招式，並勤加苦練。不久，我趁「硬拳頭」不注意，在他身後凌空飛起一腳，踢中了他的背部，直接把他踢倒在地。

好半天，他都未能站起身。也不知過了多久，他終於忍著疼痛站起來指著我罵：「你算什麼英雄，竟然背後偷襲！」

我才不管是不是偷襲，只覺得自己好厲害，大仇得報的興奮之情溢於言表，以至於後來的幾個晚上，只要閉上眼，腦中全是自己騰空飛起的瀟灑身姿。

「硬拳頭」同學後來沒再惹我。第二天他爸跑到學校替他請假，說他被火燒傷了。我當時還有點害怕，心裡嘀咕：「他是不是因為被我偷襲造成重傷，不堪受辱，就自焚了？如果他死了或殘了，我是不是還要蹲監獄？」

不得不說，兒時的我，想像力跟瘋狗一樣狂野。後來，我多方打聽之後才知道，他被燒傷跟我半點關係也沒有。

小學畢業後，我們去了不同的國中，我和他就很少在街頭碰面了。再後來，我去城市裡讀高中，去外地念大學，研究所畢業到北京闖蕩，跟他完全沒了聯繫。

前年春節時，我回老家，居然在村裡邂逅了這位當年幹過架的「戰友」。四目相對的一瞬間，我們都笑了。不僅相逢一笑泯恩仇，他還誇我比以前白了、帥了。我本想也誇誇他，但看了看他豐滿的啤酒肚和肥碩的大臉，我笑了笑，說：「你的小日子過得很滋潤呀，渾身都是油水！」

他聽完我的調侃，哈哈大笑，渾身上下的肉也跟著顫抖！

如今的我，早已不再介意別人說我黑、腿短，長得像宋小寶之類的話，因為我早已接納了這些別人眼中所謂的「不完美」，我更懂得決定自己人生價值的，絕不僅僅是外在形象，更重要的還有能力、素養、知識、三觀和所創造的社會價值。

但我也深知，並非每個兒時因身體缺陷而遭恥笑譏諷的人長大後都能自我療癒。很多時候，語言和態度的冷暴力，和其他傷害的威力相比毫不遜色。很多兒時遭遇過語言和態度冷暴力的人，多年後，依然在努力療癒自己。

二

我幼年時被群毆過。

我上小學時，身邊有些同學在看電影和電視劇時，對其中的暴力、犯罪、黑社會和幫派鬥毆之類的情節產生了興趣，並且開始模仿。

當時，我熟識的幾個小夥伴成立了一個幫派，雖然現在我記不得名字了，但確有其事。幫派的主要任務就是「謀財」，具體來講，就是到村裡的一些沒人住的老房子裡搜刮能賣的東西（主要是廢鐵），然後賣錢，買好吃的。

在他們盛情的邀請下，我半推半就地入夥了，但很快就想退出了，畢竟我還有點常識，知道這種事不能做。因為被抓住的話，要挨打，甚至會被扭送到派出所關小黑屋。

我說自己要退出，他們指責我「叛變」，還擔心我會走漏風聲。於是，就商量準備在放學後堵住我，對我進行打擊報復，想讓我吃不了兜著走。

我呢，一看他們人多勢眾，當下就認輸了，於是就被動地挨了一頓打。

第一次被群毆，其實也沒什麼外傷和內傷，畢竟是小孩子打架，你懂的，拚的是誰發育早，但心裡很難受。因為要面子，不願跟家長和老師說，就勸自己忍忍；同時立志將來出人頭地時，再回頭找他們算後帳。

我沒想到的是，第二天，他們放話出來說，放學後要繼續堵我。

那天，我哪還有什麼心思聽課，一直在冥思苦想該怎麼辦。後來，我想起了我爸曾經跟我講過的策略：「如果有人跟你打架，對方人多，肯定打不過，就跑；但如果不得不面對，就揀軟柿子捏。」

我決定：如果他們一群打我一個，我就專門打那個發育最晚、最瘦、個子最小的。

有了對策，放學後我面對他們時，心裡雖還有些膽怯，但沒那麼慌張了。當時打架的過程中用過什麼招式和武功，我已經沒什麼印象了。多年後的今天，我只能想起當時的詭異場面：我追著那個最瘦最小的男孩打，後面一群男孩追著我打。

每當思緒觸及這件往事時，我總會想：挨打的是我嗎？會不會有人誤以為是一群粗壯的男生追著打一個又瘦又小的男孩子呢？

三

兩年前，我的好朋友李尚龍寫了部長篇小說《刺》，該小說就是以校園霸凌事件為主題展開的，後來還被改編成電視劇和電影搬上大螢幕。

我參加他的新書發表會時，曾經在站臺演講中述及這段被霸凌的往事，臺下的聽眾是在哈哈大笑中聽完這段故事的。我之所以能以不抑鬱甚至有點輕鬆幽默的口吻去回憶，因為我是幸運的，沒有讓校園霸凌的憂傷在之後的生命裡如影隨形。

但我也深知，並非每個人的童年都像我一樣遭遇過霸凌，也並非每位童年曾經遭遇霸凌的人都會像我一樣幸運地擺脫陰影。幸運的人，一生都被童年的快樂治癒；不幸的人，一生都在治癒童年的陰影。

就在兒童節前的五月二十八日，登上熱搜的是一名國中女生被四個男生圍毆的影片。影片中，女生被迫跪在地上，承受四個男生的掌摑和腳踢，場面令人髮指，讓人無比揪心。

最後的結局是警方介入，四個男生的監護人向女生道歉，學校對涉及事件的學生進行記過處分和品德教育，雙方私下和解，大事化小，小事化無。

但這樣的處理，治標不治本；沒有遏制源頭，此類事件就會一直存在。這對受害者造成的傷害不僅無法在短時間內消除，而且他們需要用之後的幾年甚至一生來治癒這段傷痛。

何況，被媒體報導出來的校園霸凌，可能只是冰山一角。

多少無知罪愆，事過不境遷。沒有人希望自己的童年記憶有陰影，也沒有哪個父母能忍受自己的孩子被霸凌。

從立法到有效遏制校園霸凌，美國人花了十六年的時間。我們之前雖然制定了相關的法律政策，但從立法到落地實施並最終有效遏制校園霸凌，我們依然有很長的路要走。

願每個成長中的少年，都會被世界溫柔以待！

人生顧問 0417

我的努力，只為自己的海闊天空

作　　者—石雷鵬
監　　製—李尚龍
主　　編—陳家仁
編　　輯—黃凱怡
協力編輯—巫立文
企　　劃—藍秋惠
封面設計—木木林
版面設計—賴麗月
內頁排版—林鳳鳳

總 編 輯—胡金倫
董 事 長—趙政岷
出 版 者—時報文化出版企業股份有限公司
108019 台北市和平西路三段 240 號 4 樓
發行專線—（02）2306-6842
讀者服務專線— 0800-231-705、（02）2304-7103
讀者服務傳真—（02）2302-7844
郵撥— 19344724 時報文化出版公司
信箱— 10899 臺北華江橋郵局第 99 信箱
時報悅讀網— http://www.readingtimes.com.tw
法律顧問—理律法律事務所 陳長文律師、李念祖律師
印　　刷—紘億印刷有限公司
初版一刷— 2021 年 6 月 4 日
初版三刷— 2023 年 6 月 21 日
定　　價—新台幣 380 元
（缺頁或破損的書，請寄回更換）

時報文化出版公司成立於一九七五年，
並於一九九九年股票上櫃公開發行，於二〇〇八年脫離中時集團非屬旺中，
以「尊重智慧與創意的文化事業」為信念。

ISBN 978-957-13-8856-4
Printed in Taiwan

我的努力,只為自己的海闊天空/石雷鵬著. -- 初版. -- 臺北市 : 時報文化出版企業股份有限公司, 2021.06
384面 ;14.8x21公分. -- (人生顧問 ; 417)
ISBN 978-957-13-8856-4(平裝)

1.自我實現 2.生活指導 3.成功法

177.2　　110004615